人物叢書

新装版

阿倍仲麻呂《あべのなかまろ》

森　公章

日本歴史学会編集

吉川弘文館

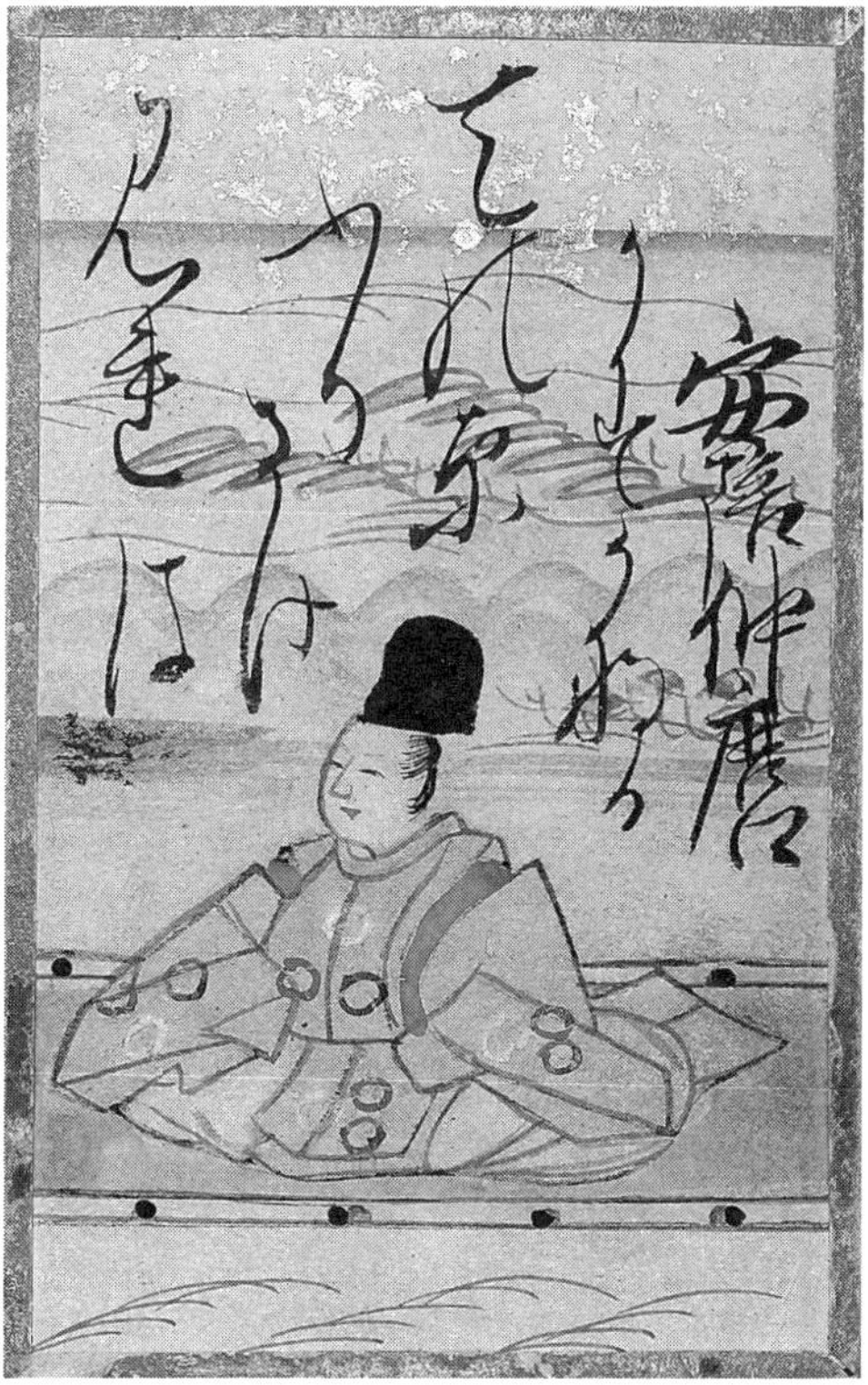

『百人一首』の阿倍仲麻呂の札（嵯峨嵐山文華館所蔵）
仲麻呂の代名詞となる歌詠で，「あまの原ふりさけみれば」の上の句を記す，

阿倍仲麻呂像（安倍文殊院所蔵）

室町時代の作と伝えられる神像で，かつては仲麻呂堂の本尊であった．明治の廃仏毀釈で廃絶した堂舎を1985年に文殊池に浮かぶ金閣浮御堂として再建し，ここに安置されている．

はしがき

阿倍仲麻呂といえば、『百人一首』の、

あまの原《はら》ふりさけみればかすがなる　みかさの山にいでし月かも

の歌を思い浮かべる方も多いと思われる。これは『古今和歌集《こきんわかしゅう》』羈旅《きりょ》四〇六番の歌で、題詞には「もろこしにて月を見てよみける」と記されているものである。つまり日本での歌詠ではなく、「もろこし」＝唐での作とされている。

阿倍仲麻呂は奈良時代初期に遣唐留学生《るがくしょう》として唐に渡り、唐王朝が最も繁栄した盛唐期の隆盛を築いた玄宗《げんそう》皇帝（六八五－七六二、在位七一二－七五六）に仕え、ついに帰国することなく、唐で死去するという生涯を送った。ただ、在唐三十余年、五十歳を超えた時点で、玄宗の許可を得て、日本から到来した遣唐使に随伴して帰国する機会があり、冒頭の歌はその進発の際に詠まれたものと考えられ、それゆえに唐での歌詠と記されているのである。しかし、仲麻呂の船は南方に漂蕩《ひょうとう》し、再び唐に戻り、その後の情勢もあって、唐に留まり、異国の土になってしまう。

こうした数奇な運命、また異国の皇帝の側近として仕え、海外に雄飛した日本人としての姿から、阿倍仲麻呂は日本の遣唐使一行のなかでも最も人口に膾炙した一人であり、高等学校の教科書でも、遣唐留学生の代表的人物として大書されるゆえんである。しかし、留学生としてどのようにして勉強したのか、唐での生活はどうであったか、そもそもなぜ唐に滞留したのかなどなどになると、意外に知られていない点が多い。

冒頭の歌は阿倍仲麻呂の代名詞というべきものであるが、仲麻呂は帰国しなかったので、この歌はどのようにして日本に伝えられたのであろうか。仲麻呂以外の、帰還した遣唐使一行が持ち帰ったのではと推測されるが、奈良時代の歌を集めた『万葉集《まんようしゅう》』には掲載されておらず、『古今和歌集』に採択されるまではどのようにして伝来したのかも問題になる。また日本に向けて進発する際、送別の場で詠まれたとすると、『古今和歌集』ではなぜ「離別部」ではなく、旅情を詠んだ「羇旅部」に配されているのかも疑問とされる（吉海直人『百人一首で読み解く平安時代』）。

この「あまの原」の歌は藤原公任《ふじわらのきんとう》（九六六―一〇四一）の『和漢朗詠集《わかんろうえいしゅう》』巻上・秋にも採られており、万葉調ではあるが、平安時代の人びとの嗜好にも適う流麗なもので、紀貫之《きのつらゆき》『土左日記《とさにっき》』の承平《じょうへい》五年（九三五）正月二十五日条では初句を「あをうなばら」に改作した形で示されている。仲麻呂は唐代の著名な詩人たちとも交流があり、仲麻呂の漂蕩・死去の誤報を知った李白《りはく》の詩には「明月不帰」の句が見えており、ここから仲麻呂と月との関係が着想され、『古今和歌集』編纂時（九〇五年頃）に編者の一人である貫之が創作したとする見解も呈されているところである。

生涯のほとんどを唐で過ごした仲麻呂については、日本側の史料は乏しく、中国側の史料も必ずしも年次が明記されているわけではない。中国史料に関しては、諸本の字句の異同にまで細かく目配りして検討した大著が刊行されており（杉本直治郎『阿倍仲麻呂伝研究〈手沢補訂本〉』）、史料集成もなされ（池田温「続日本紀注釈参考海外史料輯録稿」）、年次比定や内容の究明もおおむね確定している。こうした成果を基盤に、日本側史料を加味して、伝記的叙述を進める次第であるが、近年においては、日本文学・民俗学の立場からまとめられたもの（上野誠『遣唐使阿倍仲麻呂の夢』）、日本古代史の立場から簡にして要を得た形で整理されたもの（榎本淳一「阿倍仲麻呂」）や関係史料の成り立ちを探ったもの（浜田久美子「阿倍仲麻呂 仲麻呂伝の成立過程」）などが示されている。また遣唐使の考察の一齣として、仲麻呂に照射した検討もなされている（王勇『唐から見た遣唐使』）。

私自身の研究としては、古代日中関係に関する考察を通史的に試みており、日唐関係については、遣唐使による通交の実態、日唐双方の対外認識や唐文化移入のあり方とその変遷などを解明しようとしてきた（森公章『遣唐使の光芒』、同『古代日中関係の展開』）。

以下、本書ではこうした先達の知見に大いに依拠しつつ、私見をふまえながら阿倍仲麻呂の生涯を描いていくことになる。ちなみに、二〇〇四年十月には中国で井真成《せいしんせい》なる未知の日本人の墓誌が存在することが明らかになったが、彼は仲麻呂とともに入唐留学した人物と目される。したがって仲麻呂自身の墓誌も出土する可能性が期待される。とはいうものの、仲麻呂に関する史料は限られており、研究も深化しているので、新しい事実を見出すのはなかなかに困難である。

そこで、本書では阿倍仲麻呂の姿をより立体的に析出するために、遣唐使全体の動向のなかでの仲麻呂の歴史的位置を探るという視点で、その生涯を考えてみたいと思う。仲麻呂には海外で活躍した日本人像が喧伝され、その秀逸さや超人性を強調されることが多いが、実像はどうであったか、遣唐使全体の文脈のなかで相対化するとどうなるのかなどにも留意していきたい。その作業のなかから従来の伝記的考察に多少なりとも新しい見解を付加することができればと期するところである。

二〇一九年八月

森 公章

目次

はしがき
第一　生年と家系……一
一　生年をめぐる問題……一
二　仲麻呂の家族……七
三　阿倍一族……一〇
第二　遣唐留学……一六
一　霊亀度遣唐使……一六
二　唐での行事……四三
三　留学者の諸相……六二
第三　唐での滞留生活……八六

一　太学入学と登用……八六
二　出仕の背景と官歴……九四
三　くらしぶり……一〇五
四　天平度遣唐使と仲麻呂……一一三
第四　帰国の試み……一一八
一　勝宝度遣唐使の到来……一一八
二　阿倍仲麻呂の役割……一二三
三　送別詩と歌詠……一三五
第五　伝奇世界での姿……一五二
一　鬼になった阿倍仲麻呂……一五二
二　文選・囲碁・野馬台詩……一五九
三　仲麻呂の位置づけ……一六五
第六　晩年と死……一七〇
一　安史の乱勃発……一七〇

二　安南への赴任……一七七
三　仲麻呂の死……一八〇
第七　唐文化移入の行方……一八三
一　遣唐留学者のその後……一八三
二　かへりきにける阿倍仲麻呂……一九七
三　入唐成果に対する評価……二〇三
結—阿倍仲麻呂の生涯と歴史的位置—……二〇九
略年譜……二一八
参考文献……二三一

目次

口絵

『百人一首』の阿倍仲麻呂の札
阿倍仲麻呂像

挿図

大和盆地における豪族分布図……一一
遣唐使の航路と江南要図……二四
海を渡る遣唐使船……二六
東大寺山堺四至図……四〇
唐長安城の復元……四五
唐長安城の宮城・皇城……四六
唐長安城の大明宮……四七
「開元四年」と書かれた唐の墨……六一
井真成墓誌の拓本……八一
唐の元日朝賀儀礼列立図……一二四
鑑真と藤原清河の対面……一三一

吉備大臣入唐絵巻……一五四
野馬台詩図と釈文……一六四
安史の乱の関係略図……一七一
笏を持った官人の図と袞冕十二章の服装……一九〇
伝行賀坐像……一九四
則天文字一覧と地方における広がり……一九六
護国寺の安倍仲麿塚……二一六

挿　表

遣唐使の一覧……一九
遣唐使の構成員……二八
遣隋使・遣唐使の名乗り……三五
遣唐使に対する官賞……四九
隋・唐から倭国・日本に宛てた国書……五八
遣隋・遣唐留学者一覧……六四
羽栗翼の生涯……一八六
音博士の就任者……一九二

第一　生年と家系

一　生年をめぐる問題

基本史料の呈示

阿倍仲麻呂は父船守《ふなもり》の子としてこの世に生を受けた。母の名前や出自は不明である。仲麻呂の生年に関しては、文武《もんむ》三年（六九九）説と大宝《たいほう》元年（七〇一）説があり、ともに同じ史料のなかに記載された事柄に依拠している。それは『古今和歌集目録《こきんわかしゅうもくろく》』（藤原仲実《ふじわらのなかざね》〈一〇五七—一一一八〉撰か。十二世紀初頭成立）の記述であり、略伝ではあるが、これは仲麻呂の生涯を知るうえで基本的史料なので、ここで全文を掲げておきたい。

安倍仲麿一首旅。

(A)中務大輔正五位上船守の男《なん》。霊亀《れいき》二年八月廿二日乙丑、遣唐学生留学生《るがくしょう》と為《な》す。従四位上安部朝臣《あそん》仲麿、大唐光禄大夫《こうろくたいふ》散騎常侍《さんきじょうじ》兼御史中丞《ぎょしちゅうじょう》北海郡開国公、贈潞州《ろしゅう》大都督朝衡《ちょうこう》。

(B)国史に云《いは》く、本名は仲麿、唐朝姓朝氏、名衡、字仲満《ちゆうまん》を賜る。性聡敏にして、読書を好む。霊亀二年、選を以て入唐留学問生と為る。時に年十有六。（開元）十九年、京《けい》兆尹崔日知《ちよういんさいにつち》これを薦《お》し、詔を下して褒賞し、起して左補闕《さほけつ》を拝す。廿一年、親労を以て帰らんことを上請するに、許さず。詩を賦して曰《いは》く、「義を慕ひて名空しく在り、忠を愉《たのし》むも孝全《まつた》からず、報恩日有る無し、帰国定めて何年ならん」と。天宝十二載に至りて、我朝使参議藤原清河《きよかわ》と、同船して溥帰《ふき》す。風に任《まか》せて掣曳《せいえい》し、安南《あんなん》に漂泊せり。禄山《ろくざん》構虐に属して、群盗蜂起して夷獠《いりよう》放横《ほうおう》、衆類を劫殺《きようさつ》せり。同舟害に遇ふ者、一百七十余人。僅《わず》かに十余人のみ遺る。大暦《だいれき》五年正月を以て薨《こう》す。時に年七十三。潞州大都督を贈る。

(C)明達律師《みようたつりつし》伝に云く、松尾明神《まつのおみようじん》を夢みること有り。天王寺《てんのうじ》借住の僧等の霊験なり。おのおの委《くわ》しく記さず。本伝を見るべきなり。追って公卿に至る。

略伝は三つの史料が合体したものと思われる（浜田久美子「阿倍仲麻呂 仲麻呂伝の成立過程」）。(C)は『扶桑略記《ふそうりやつき》』天慶《てんぎよう》三年（九四〇）正月二十四日条や『元亨釈書《げんこうしやくしよ》』巻十釈明達条に見える明達＝阿倍仲麻呂の後身説に基づくものであるが、明達の活動（天慶の乱の時に美濃《みの》国中山南神宮寺で平将門《たいらのまさかど》調伏の四天王法を修す）に仲麻呂と関係する話題があるわけではないので、これは措くことにしたい。(A)は父親の名前、仲麻呂が遣唐留学生であったこと、そして彼の位階や唐での官歴をまとめたものである。

(B)は「国史」とあるように、『日本後紀《にほんこうき》』逸文・延暦《えんりゃく》二十二年（八〇三）三月丁巳条の藤原河清《かせい》（清河）伝に併記された仲麻呂の伝記に由来するものと考えられる。河清（清河）は勝宝度《しょうほう》遣唐使（遣唐使の呼称については第二で後述）の大使で、仲麻呂はこの大使の第一船に同乗して帰国する予定であったが、文中の天宝十二載（七五三＝天平勝宝《てんぴょうしょうほう》五）の記述にあるように、安南（ベトナム）に漂蕩《ひょうとう》して、再び唐に戻り、ともに唐で生涯を終えることになる。ここは延暦度遣唐使派遣に際して、客死した河清（清河）に贈位を実施し、今次の遣唐使の安寧を期するものであり、合せて仲麻呂の伝記も掲げられたのであろう。

したがって(B)は、仲麻呂に関する日本側史料として最も依拠すべきものと思われる。その内容は以下の叙述でおいおい検討していくことにしたいが、唐で朝衡と改名したこと、遣唐留学生への選定、唐での任官、天平度遣唐使に随伴して帰国しようとしたが、許されなかったこと、上述の勝宝度遣唐使到来の際の帰国の試み、大暦五年（七七〇）の死去と贈官などが記されている。

略伝によると、死去時の年齢は七十三歳とあるので、これだと文武三年の誕生ということになる。しかし、文中には霊亀二年（七一六）に遣唐留学生に選定された時の年齢を十六歳と明記しており、そうすると、大宝元年の生まれと算出され、生年について二説が生じるゆえんである。

文中の「十九年」は唐の開元《かいげん》十九年（七三一＝天平三）と解するのがよく、承和《じょうわ》度遣唐使に随伴して渡海した円仁《えんにん》の在唐記録『入唐求法巡礼行記《にっとうぐほうじゅんれいこうき》』や、十一世紀後半の入宋僧成尋《じょうじん》の『参天台五臺山記《さんてんだいごだいさんき》』などでは、中国に到着してからは、「郷に入りては郷に従え」で中国側の年次表示になっているので、仲麻呂の伝記も同様の記述方式になっているのであろう。

文武三年説では、「六」と「九」の字形の相似、留学生選定時を十九歳とすると、漢文の原文では「時年十有九。十九年」と、「九」が続く面白くない文章になるので、伝写の過程で誤りを想定して、「六」に書き改めた可能性などが指摘されている。また後述の王維《おうい》の送別詩に「結髪遊聖、負笈辞親」（結髪、聖に遊び、笈《きゅう》を負ひて親を辞し）と、入唐時の様子を描写しており、「結髪」を「束髪」と同義と見たうえで、「束髪」が二十歳を指すことがあるとして（『大戴礼《だいたいれい》』保傅《ほふ》篇、『尚書大伝《しょうしょたいでん》』）、実際に遣唐使が渡海した養老《ようろう》元年（七一七）には二十歳、したがって霊亀二年には十九歳であったと説明されるところである（杉

本直治郎『阿倍仲麻呂伝研究〈手沢補訂本〉』）。

これだと、死去時の年齢七十三歳とも合致し、文武三年誕生説が有力視されるゆえんである。これは通説として、定評のある人物辞典類、例えば坂本太郎・平野邦雄監修『日本古代氏族人名辞典』（吉川弘文館、一九九〇年）でも依拠されている。

大宝元年説

しかし、近年は大宝元年説も有力になっていると思われる（森公章『遣唐使の光芒』、上野誠『遣唐使阿倍仲麻呂の夢』）。これは後述の唐の太学への入学から考えて、その年齢制限（十四歳以上、十九歳以下）によれば、留学生選定時十六歳、渡海時十七歳、長安《ちょうあん》到着後の太学入学時は十八歳というのが妥当であるという点が大きな論拠になる（榎本淳一「阿倍仲麻呂」）。「束髪」に関しては、『日本書紀《にほんしょき》』崇峻《すしゅん》即位前紀の物部守屋《もののべのもりや》討滅事件（五八七年）では、厩戸皇子《うまやとのおうじ》（聖徳太子《しょうとくたいし》）が束髪姿で参戦したことについて、「古の俗、年少児の年、十五六の間は、束髪於額《ひさごはな》す。十七八の間は角子《あげまき》す」とあるので、十六歳と解することもできよう。

また十六歳での留学生選定は若すぎるという懸念も指摘されており、たしかに遣唐留学生は二十歳前後の事例が多い。しかし、白雉《はくち》四年（六五三）遣唐使の留学僧定恵《じょうえ》（乙巳《いっし》の変の実働部隊中臣鎌足《なかとみのかまたり》の子）は十一歳（『家伝《かでん》』上・貞慧《じょうえ》伝）、後に大宝度遣唐使の執節使になる

生年は大宝元年

粟田《あわたの》真人《まひと》に比定される道観《どうかん》（春日粟田臣百済《かすがあわたのおみくだら》の子）も、遣唐使を率いるには五十歳前後の健康な人物が求められたことに鑑みると、やはり留学時はかなり若い年齢であったと目される、といった事例もある。

したがって本書では、仲麻呂の生年を大宝元年として、叙述を進めたい。死去時は七十歳ということになる。ちなみに、仲麻呂と一緒に留学した下道《しもつみち》（吉備《きび》）真備《のまきび》は、『続《しょく》日本紀《にほんぎ》』宝亀《ほうき》六年（七七五）十月壬戌条の薨伝では、死去時八十三歳と記されているが、霊亀二年の留学生選定時には二十二歳であったことが明記されており、これに依拠して死去時の年齢は八十一歳と訂正するのが有力説である（宮田俊彦『吉備真備』）。八十三歳だと、二十四歳での留学生選定になり、それはいかにも遅いと言えよう。

仲麻呂が生まれた大宝元年は大宝令が施行され、また三十余年ぶりに遣唐使任命が行われた年であった。同年には首皇子《おびと》（聖武《しょうむ》天皇）・藤原光明子《こうみょうし》（光明皇后）も生誕しており、律令国家の新しい段階、新時代を担う人びとが登場している。仲麻呂もそうした人材の一人に数えられるべき存在たることが期待されたものと思われる。

二　仲麻呂の家族

父船守

阿倍仲麻呂の父は中務大輔《なかつかさたいふ》正五位上の船守である。船守は和銅《わどう》四年（七一一）四月に従五位上から正五位下、養老七年正月に正五位上に昇叙したことが知られるが、これが正史である『続日本紀』に記されたすべてである。中務大輔は中務省の次官、相当位は正五位上、長官である卿と同じく、「侍従《じじゅう》せむ、献《たてまつ》り替《す》てむ、礼儀を賛《たす》け相《みちび》かむこと、詔勅《しょうちょく》の文案《もんあん》を審署《しんじょ》し、事を受けて覆奏《ふくそう》せむこと、宣旨《せんじ》、労問のこと、上表受け納《い》れむ、国史を監修せむこと、及び女王・内外《ないげ》の命婦《みょうぶ》・宮人《くうにん》等の名帳《みょうちょう》・考叙・位記《いき》のこと、諸国の戸籍・租《そ》調帳《ちょうちょう》・僧尼《そうに》の名籍《みょうじゃく》のこと」を職掌とした（職員令《しきいんりょう》中務省条）。

相当位の照合から見て、これが船守の極官極位であったと考えられる。職務内容は、天皇の国事行為に関する事柄などや後宮関係の事務を担当するもので、側近にあって是非を献言し、宮中での礼儀について天皇を補佐すること、内記《ないき》の作成した詔勅の文案を審査・署名し、天皇の命令に相違がないかを確認すること、宣勅《せんちょく》や勅により慰労し安否を問うこと、天皇に奉る書を受納すること、図書寮《ずしょりょう》が撰修する国史を監修すること、女王・内外の命婦（内命婦《ないみょうぶ》は本人が五位以上、外命婦《げみょうぶ》は五位以上官人の妻）・宮人（後宮職員令《こうきゅうしきいんりょう》に列記された女官）の名帳と勤務評定と位記のこと、諸国から進上され御覧に供する戸籍・租調帳・僧尼の名籍のことなど幅広い職掌があった。

船守に関しては、『日本後紀』大同《だいどう》三年（八〇八）六月甲子条で孫の弟当《おとたぎ》が散位《さんい》従四位下で卒去した際、祖父は正五位上勲五等船守とあるので、勲位《くんい》を有していたことがわかる。以上が船守について知られる事項である。

兄弟の存在

弟当の父は美作守《みまさかのかみ》従五位上意比麻呂《おびまろ》であり、仲麻呂の兄弟ということになる。「中（仲）」には二番目の意があり（大平聡「「中皇命」と「仲天皇」」）、奈良時代の人物では藤原仲《なか》麻呂《まろ》は武智麻呂《むちまろ》の次男であったから、阿倍仲麻呂も船守の次男で、上に兄がいたと考えられる。

意比麻呂は『続日本紀』では「帯麻呂」と表記される人物で、帯麻呂は神亀《じんき》五年（七二八）に正七位下から外従五位下、天平元年（七二九）に従五位下と、順調に位階が上昇していく。帯麻呂と仲麻呂の年齢順は不明で、兄・弟いずれの可能性もある。

帯麻呂は天平七年九月に美作守従五位下の時、四人を故殺し、その族人から弁官《べんかん》に訴えられる出来事があった（天平七年九月庚辰条）。ただし、右大弁大伴道足《おおとものみちたり》ら弁官の官人六人はこの訴訟を取り上げなかったので、処罰されそうになったが、詔により宥免《ゆうめん》されたといい、故殺された側にも相応の問題があり、帯麻呂の行為は情状酌量すべきものであったのかもしれない。

仲麻呂の家系は五位クラスの中級官人として律令国家を支える生涯を送ったものと思われ、弟当の卒伝には、

清慎を性と作《な》し、夙夜《しゅくや》公に在りて、壅門《ようもん》を過《よぎ》らず、資産を事とする無きは、家風なり。

と評されている。「壅門」は中国古代斉《せい》の城門で、当地の人は歌哭《かこく》をよくしたというから、ここでは弟当が歌舞音曲の場に近づかなかったことを示しており、そうした華美な生活を避けた処世で、資産を蓄えることがなかったというのも、仲麻呂の生育した家風を看取することができる。

ただ、弟当の父帯麻呂の位階は上述の事件後も一階上昇しているものの、その後は逼塞してしまったため、また一家の頼みの綱となるはずであった叔父仲麻呂が、唐に渡ったまま帰ってこないこともあって、家族は清貧を余儀なくされたのかもしれない。なお、仲麻呂自身の家族、結婚の有無などについては、唐でのくらしぶりを探るなかで検討す

ることにしたい。

以上の仲麻呂の家系は阿倍氏のなかでどのような系統に属するのかは不明とせねばならないが、ここで阿倍氏全体の動向を整理し、仲麻呂および阿倍氏が置かれていた律令官人社会での立場についても触れておきたい。

三　阿倍一族

阿倍氏とは

阿倍氏は大和《やまと》盆地東南部を本拠地とする中央有力氏族で、孝元《こうげん》天皇の皇子大彦命《おおひこのみこと》を祖としている（『古事記《こじき》』中巻・孝元天皇段、『日本書紀』孝元七年二月条、『新撰姓氏録《しんせんしょうじろく》』左京皇別《さきょうこうべつ》上・阿倍朝臣条など）。大彦命は崇神《すじん》朝に四道将軍《しどうしょうぐん》の上首者として活躍し、一九七八年に公表された埼玉県行田《ぎょうだ》市稲荷山古墳《いなりやまこふん》出土鉄剣銘（辛亥年＝四七一）にもその名が見えることで著名である。大彦命の子孫にはほかに膳臣《かしわでのおみ》、阿閉《あへ》臣、狭狭城山君《ささきやまのきみ》、筑紫国造《ちくしのくにのみやつこ》、越国《こし》造、伊賀《いが》臣などが知られる。

『日本書紀』では、阿倍氏は六世紀前半の宣化《せんか》朝に大麻呂《おおまろ》が大夫《たいふ》に起用された頃からが確実な歴史で、その後、敏達《びだつ》朝の目《め》、用明《ようめい》・崇峻朝の人《ひと》、推古《すいこ》朝の鳥《とり》、舒明《じょめい》‐孝徳《こうとく》朝の麻呂（内麻呂《うちまろ》、倉梯麻呂《くらはしまろ》）、斉明《さいめい》朝の比羅夫《ひらふ》、天武《てんむ》朝の麻呂、天武・持統《じとう》朝の御主人《みうし》と代々活躍する人材を輩出している。

孝徳朝の左大臣阿倍内麻呂や斉明朝の北方遠征・百済救援の出兵に従事した阿倍比羅

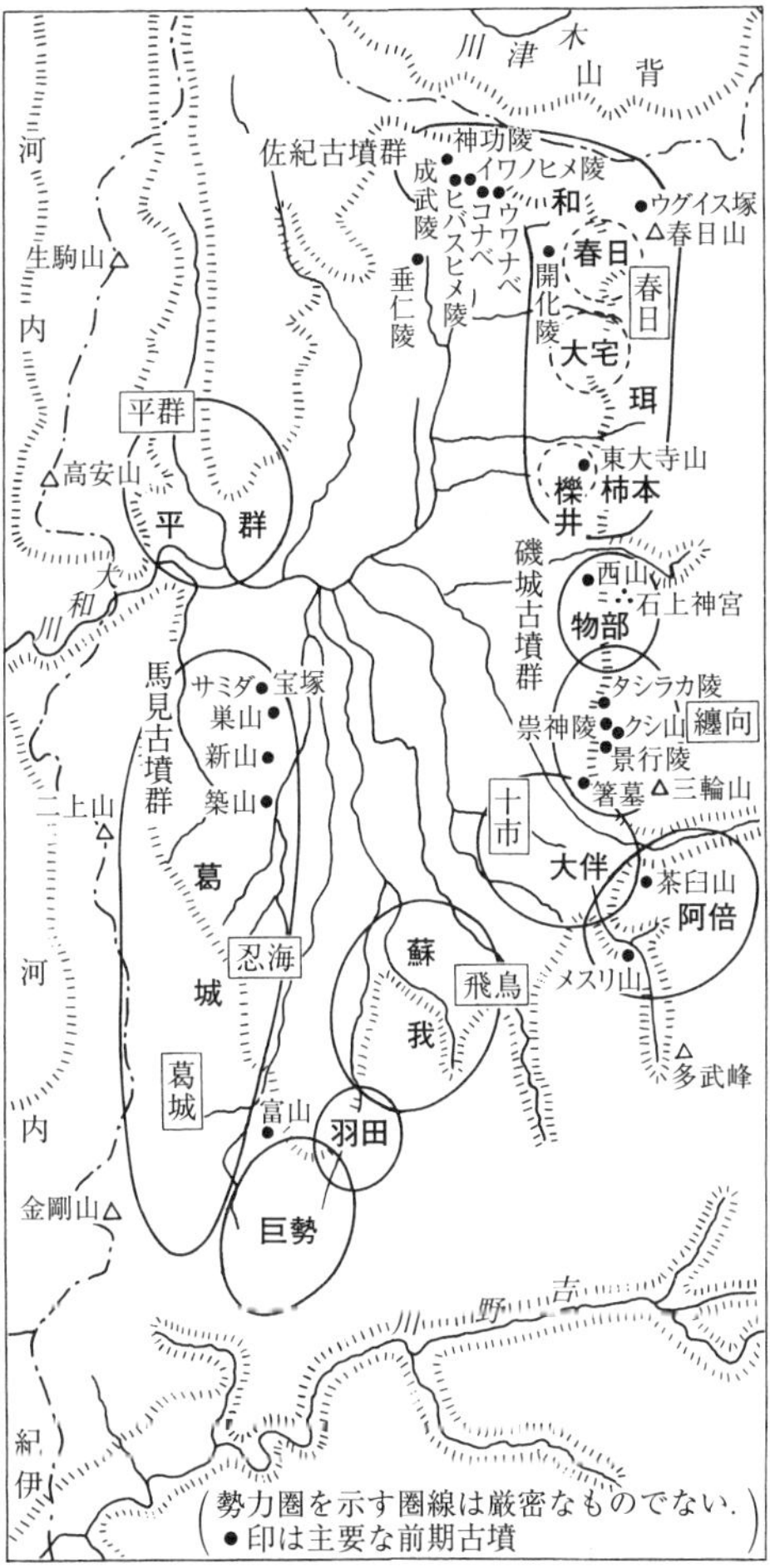

大和盆地における豪族分布図（岸俊男『日本古代政治史研究』塙書房，1966年，78頁より）

夫などは、特に功績が大きかった（大橋信弥『阿倍氏の研究』）。

複姓の集合体

ただし、鳥・麻呂は阿倍内臣、比羅夫は阿倍引田《ひけた》臣、天武朝の麻呂は阿倍久努《くぬ》朝臣、御主人は阿倍布勢《ふせ》（普勢）朝臣を称しており、そのほかに阿倍狛《こま》、阿倍渠曽倍《こそべ》などの氏姓の者も知られる。こうした主要なウヂナと地名・職名を冠した二つの氏姓を有する事例を複姓と称しており、阿倍氏はそれぞれの系統・拠点を冠する複姓の集合体で、その時々での有力な家系が族長の地位を得るという拮抗した関係であったと解される。

天武朝から活躍する御主人は布勢麻呂《まろ》古臣《このおみ》の子で、壬申《じんしん》の乱（六七二年）にも大海人《おおあま》皇子（天武）方として参加しており、持統十年（六九六）には大納言と見え、大宝元年に右大臣、同三年閏四月に右大臣従二位で薨去していた。慶雲《けいうん》元年（七〇四）七月には壬申年の功封《こうふ》一〇〇戸の四分の一を子広庭《ひろにわ》に伝えることが許されている。

次いで議政官になったのは引田系の宿奈麻呂《すくなまろ》（少麻呂とも。比羅夫の子）で、慶雲二年四月に中納言、養老二年三月に大納言になり、同四年正月薨去した。奈良時代中葉に専制権力を振るった藤原仲麻呂は、大納言阿倍少麻呂に算を学んだといい（『続日本紀』天平宝字《てんぴょうほうじ》八年〈七六四〉九月壬子条）、算道の学芸にも長けていたことが知られる。

統合への動き

宿奈麻呂は慶雲元年十一月に阿倍朝臣賜姓に与《あずか》っていたが、『続日本紀』和銅五年十

一月乙酉条に、引田朝臣邇閇《にへ》・東人《あずまひと》・船人《ふなひと》、久努朝臣御田次《みたすき》、長田《おさだ》朝臣太麻呂・多祁《たけ》留《る》らとともに、この六人は、

実は是《こ》れ阿倍氏の正宗にして、宿奈麿《すくなまろ》と異なること無し。但し居処に縁《よ》りて更に別氏と成れり。理において斟酌するに良《まこと》に哀矜《あいきょう》すべし。今、宿奈麿は特に天恩を蒙りて、已に本姓に帰せり。然れども此の人等は未だ聖沢《せいたく》に霑《うるお》はず。冀《ねが》ひて望むらくは、各々別氏を止《や》めて、倶《とも》に本姓を蒙らんことを。

と奏請している。

この頃、阿倍氏はそれぞれの居住地名に基づく氏姓を名乗り、「阿倍」を除いた形で、別々の氏として律令官人化を推進していたようであるが、この六人はいずれも阿倍氏の中心的人物であること、倭王権以来の由緒ある「阿倍」の名称を失って別氏になっているのは哀れであることなどを訴え、すでに阿倍朝臣の氏姓を得ていた宿奈麻呂が中心になって、同族の阿倍朝臣姓への一本化を図ったものと言えよう。

宿奈麻呂は当時造平城京司《ぞうへいじょうきょうし》長官を務め、大車輪の活躍をしており、阿倍氏の統合にも尽力したのであろう。この宿奈麻呂が氏上《うじのかみ》であった時に仲麻呂の遣唐留学が実現したのは、こうした気運も要因であったと思われる。大宝度遣唐使において、山上憶良《やまのうえのおくら》

は執節使粟田真人とはかなり遠い一族であるが、官員に起用されているから（佐伯有清「山上氏の出自と性格」）、上述のように、阿倍仲麻呂の家系の阿倍氏のなかにおける位置づけは不明であるものの、必ずしも当時の阿倍氏の中心的家系につながっていなくても、留学生に選定され得たであろう。

その後の阿倍氏

宿奈麻呂の次に議政官になったのは、布勢系の御主人の子広庭であった。広庭は霊亀元年五月宮内卿《くないきょう》、養老二年正月に従四位下になり、同六年二月参議として公卿の一員に加わる。神亀四年十月、中納言になり、天平二年二月、中納言従三位で薨去している（七十四歳）。

広庭は『懐風藻《かいふうそう》』の長屋王《ながやおう》の佐保《さほ》宅での詩宴にも登場し、また長屋王家木簡《もっかん》や『万葉《まんよう》集《しゅう》』（巻八第一六一三番歌）・『本朝皇胤紹運録《ほんちょうこういんじょううんろく》』によると、長屋王の妻妾の一人に阿倍氏出身の女性がいたことが知られるから、当該期の阿倍氏は長屋王家と親密な関係を形成していたと思われる。ただ、天平元年八月の光明子立后の際に、広庭は賜物に関わる勅を宣しているので、同年二月の長屋王の変により阿倍氏の立場に変動があったかどうかは確言できない。

しかしながら、その後の阿倍氏は四位に昇叙し、議政官と目される者が断続的に現れているものの、中下級官人として推移していくことが展望される。十世紀後半―十一世紀前半の天文道《てんもんどう》の安倍晴明《あべのはるあき》は、陰陽道《おんみょうどう》の泰斗として著名で、その方面での活動に特化する家系につながっていく（土御門家《つちみかどけ》）。なお、「安倍」の表記は奈良時代にも散見するが、平安時代になって一般化していくようである。

第二　遣唐留学

一　霊亀度遣唐使

留学生に選定

阿倍仲麻呂は霊亀《れいき》二年（七一六）八月、十六歳で霊亀度遣唐使の留学生《るがくしょう》に選定された。今回の遣唐使は総勢五五七人（『扶桑略記《ふそうりゃっき》』）、一行として判明するのは次の職位・面々である。

押使《おうし》　従四位下多治比《たじひ》真人《まひと》県守《あがたもり》

大使　従五位上阿倍朝臣安麻呂《やすまろ》　→〔交替〕従五位下大伴宿禰《おおとものすくね》山守《やまもり》

副使　正六位下（→従五位下）藤原《ふじわら》朝臣馬養《うまかい》（宇合）

大判官《だいほうがん》一人／少判官二人

大録事《だいろくじ》二人／少録事二人

神主　従八位下（→借五位）津守《つもり》宿禰《のすくね》池吉《いけよし》

留学僧《るがくそう》　玄昉《げんぼう》
留学生　阿倍朝臣仲麻呂〔十六歳〕―傔人《けんじん》羽栗吉麻呂《はぐりのよしまろ》
下道《しもつみち》（吉備《きび》）朝臣真備《まきび》〔二十二歳〕
井真成《せいしんせい》〔十八歳〕
請益生《しょうやくしょう》　大倭忌寸小東人《やまとのいみきこあずまひと》（大和宿禰長岡《やまとのすくねながおか》）〔二十八歳〕

やや横道にそれるが、阿倍仲麻呂の留学の意味合いをより立体的に考えるために、ここで霊亀度遣唐使という呼称も含めて、遣唐使による通交のあり方を説明しておきたい（森公章『遣唐使の光芒』）。

遣唐使とは

遣唐使は唐に派遣される使節団で、唐（六一八―九〇七）は、日本史で言えば女王卑弥呼《ひみこ》の倭国の時代、つまり三世紀以来大きく南北に分裂していた中国を再統一した隋《ずい》（五八一―六一八。五八九年に南北朝を統一）の短い隆盛の後、約三〇〇年間、東アジア、東部ユーラシアの政治・文化の中心として、周辺諸国に大きな影響を及ぼした。

倭国・日本との関係では、中国隋・唐代に完成した律令法《りつりょうほう》を継受して、律令国家という形で古代国家を確立することができた。また東・西文化を融合した国際的な文物の波及は、シルク・ロードの終着点である長安《ちょうあん》、そこから延伸する支線として、漢字・

仏教・儒教などを基盤とする古代日本の文化形成に大いに資するところであった。

遣唐使の派遣状況は表1の通りである。「次数」は近年の通説的な数え方を示し（東野治之『遣唐使船』）、これだと全二〇回ということになる。「私案」は私の理解であり、全一八回と把握している。私見では遣唐使は唐への遣使であるから、唐本国を目指したものと考え、その観点からは、天智《てんじ》六年（六六七）のものは百済《くだら》滅亡後に旧百済領に駐留する唐の百済鎮将劉仁願《りゅうじんがん》からの遣使が帰還する際の送使であり、唐本国には行っていないので、これは除いた。

また天平宝字《てんぴょうほうじ》五・六年の事例は、本来四船が準備され、大使以下が任命された本格的な計画であったが、安芸《あき》国から回漕した遣唐使船が難波江口《なにわえぐち》で破損するなどしたため、二船の派遣、職位が下位の者を大使・副使に任用変更したという経緯である。したがってこれは同一使節の遣使として理解すべきであろう。

ちなみに、この遣使は結局渡航中止に終わっている。とすると、このような計画のみで、実際には渡海・入唐しなかったものは次数に含めないという考え方もあり得るわけであり（上田雄『遣唐使全航海』）、この理解では次数はもっと少なくなる。周知のように、遣唐使事業は菅原道真《すがわらのみちざね》が大使となった遣唐使派遣計画をもって終幕を迎えるが、実際

表1　遣唐使の一覧

（間隔）23 — 1 — 5 — 6 — 4 — 33 — 15

私案	次数	出発年	使人	航路	船数	入京（長安・洛陽）年月	帰国	航路	備考
1	1	舒明天皇二年（六三〇）	犬上御田鍬 薬師恵日	北路			舒明天皇四年八月	北路	
2	2	白雉四年（六五三）	吉士長丹（大使） 吉士駒（副使）	北路？	一		白雉五年七月	北路	
		同年七月	高田根麻呂（大使） 掃守小麻呂（副使）		一				往途、薩摩竹島付近で遭難
3	3	白雉五年	高向玄理（押使） 河辺麻呂（大使） 薬師恵日（副使）	北路	二		斉明天皇元年	北路？	高向玄理、唐で没
4	4	斉明天皇五年（六五九）八月	坂合部石布（大使） 津守吉祥（副使） 伊吉博徳	北路	二	顕慶四年（六五九）閏一〇月◎	斉明天皇六年五月（第二船）	北路	第一船は往途南海の島に漂着、大使ら殺される
5	5	天智天皇四年（六六五）	守大石・坂合部石積・吉士岐弥・吉士針間（送唐客使）	北路			天智天皇六年十一月	北路	唐使劉徳高を送る。唐使法聡来日。天智天皇二年（六六三）白村江戦
	6	天智天皇六年	伊吉博徳（送唐客使） 笠諸石（送唐客使）	北路			天智天皇七年	北路	唐使法聡を百済に送る。唐には行かずか
6	7	天智天皇八年	河内鯨	北路			（不明）	北路？	
7	8	大宝二年（七〇二）六月	粟田真人（執節使） 高橋笠間（大使） 坂合部大分（副使） 巨勢邑治（大位） 山上憶良（少録）	南路	四	長安二年（七〇二）一〇月◎	大宝元年七月（粟田真人） 大宝四年三月（巨勢邑治） 養老二年十月（坂合部大分）	南路	〔この間、天武天皇五年（六七六）新羅、朝鮮半島統一〕 道慈・弁正留学

（間隔）8–9：16　9–11：19　11–12：7　12–14：18

8	9	養老元年（七一七）	多治比県守（押使） 大伴山守（大使） 藤原馬養（副使）	南路？	四	開元五年（七一七）一〇月◎	養老二年十月	南路？	玄昉・阿倍仲麻呂・吉備真備・井真成ら留学。道慈帰国
9	10	天平五年（七三三）	多治比広成（大使） 中臣名代（副使）	南路？	四	開元二十二年正月か◎	天平六年十一月（第一船） 天平八年五月（第二船） 天平十一年（第三船）	南路	玄昉・真備ら帰国、菩提僊那来日。第四船、難破
10	11	天平十八年任命	石上乙麻呂（大使）						停止
11	12	天平勝宝四年（七五二）	藤原清河（大使） 大伴古麻呂（副使） 吉備真備（副使）	南路	四	天宝十一年（七五二）十二月以前◎	天平勝宝五年十二月（第三船） 天平勝宝六年（第二船） 天平勝宝六年四月（第四船）	南路	鑑真ら来日。帰途、第一船安南に漂着、大使藤原清河・阿倍仲麻呂、唐に戻り、帰国せず
12	13	天平宝字三年（七五九）	高元度（迎入唐大使使） 内蔵全成（判官）	渤海路	一		天平宝字五年八月	南路	清河を迎える使の判官内蔵全成、渤海路より帰国
13	14	天平宝字五年任命	仲石伴（大使） 石上宅嗣（副使） 藤原田麻呂（副使）		四				船破損のため停止
	15	天平宝字六年再編任命	中臣鷹主（送唐客使） 高麗広山（副使）		二				七月、風波便なく渡海できず停止
14	16	宝亀八年（七七七）六月	佐伯今毛人（大使） 大伴益立（副使） 藤原鷹取（副使） 小野石根（副使） 大神末足（副使）	南路	四	大暦十三年（七七八）正月◎	宝亀九年十月（第三船） 宝亀九年十一月（第四船） 宝亀九年十一月（第二船） 宝亀九年十一月（第一船舳） 宝亀九年十一月（第一船艫）	南路	大使、病と称して行かず。伊与部家守帰国。藤原清河の娘、喜娘来日

15	17	宝亀十年	布勢清直（送唐客使）	南路	二	建中元年（七八〇）二月	天応元年（七八一）		唐使孫興進を送る	24
16	18	延暦二十二年（八〇三）延暦二十三年七月再	藤原葛野麻呂（大使）石川道益（副使）	南路	四	貞元二十年（八〇四）十二月◎	延暦二十四年六月（第一船）延暦二十四年六月（第二船）大同元年（八〇六）（第一船？）	南路	副使、唐にて没。第三船、往途肥前松浦郡にて遭難、最澄、空海ら帰国	33
17	19	承和三年（八三六）七月 承和四年七月再 承和五年六月再々	藤原常嗣（大使）小野篁（副使）	南路	四	開成三年（八三八）十二月◎	承和六年八・十月 承和七年四・六月（第二船）	北路	副使、病と称して行かず、帰途、新羅船九隻を傭って帰る。第二船、南海の地に漂流	58
18	20	寛平六年（八九四）任命	菅原道真（大使）紀長谷雄（副使）		一				大使菅原道真、中止を奏上	

〔備考〕「入京年月」欄の◎印は正月に在京したことを示す。史料で確認できない箇所は空欄のまま。「出発」「帰国」欄に入れた月は、史料で確認できる九州での発着月。欄外上部の数字は遣使間隔年数を示す。

に渡海したのはその前の承和《じょうわ》の遣唐使が最後になるので、こちらの方が「最後の遣唐使」と称されるゆえんである。

遣唐使の呼称

そこで、論者による次数の呼称は齟齬する恐れがあるので、第何次という表記では、互いが話題としている遣唐使がどれを指しているのか混乱することになる。すでに第一の説明のなかでは用いているが、私は年号制度が定着していない七世紀の遣唐使については、計画・発遣の年次により、「白雉《はくち》四年（六五三）遣唐使」のように表示し、八世紀以降に関しては、私案の第七次を大宝《たいほう》年間に任命・施行された事業という意味合いで「大宝度遣唐使」と表現している。同一年号のなかでの複数の事業、私案第一二・一三次は「宝字度①・②」、一四・一五次は「宝亀《ほうき》度①・②」として区別する。

今次の阿倍仲麻呂が渡海した私案第八次は、「養老《ようろう》の遣唐使」と称されることが多い。しかし、村上《むらかみ》天皇の皇子具平《ともひら》親王が正暦《しょうりゃく》二年（九九一）に著した『弘決外典鈔《ぐけつげてんしょう》』巻一には「天平勝宝《てんぴょうしょうほう》二年遣唐記」が見え、これは天平勝宝二年（七五〇）任命で、実際には天平勝宝四年に渡海した勝宝度遣唐使が呈した正式の入唐記録を指しているので、遣唐使は任命時点を起算とするものだったことが知られる。そうすると、霊亀二年任命で、実際には養老元年（七一七）に渡海した使節は、霊亀度遣唐使と称すべきものと思われる。

航路の変遷

以上の遣唐使全体の時期区分としては、航路のあり方と合せて、かつては次のような知見が有力であった（森克己『遣唐使』）。表示の便宜上、この箇所のみ私案の次数で示す。

前期…北路…(1)〜(6)
中期…南島路…(7)〜(11)

（⑿は渤海《ぼっかい》路で入唐、⒀は中止）

後期…南路…⒁〜⒅

航路のうち、北路は「新羅道《しらぎみち》」（『日本書紀《にほんしょき》』白雉五年二月条）と称されるもので、朝鮮半島西岸を北上し、山東半島《さんとうはんとう》登州《とうしゅう》あたりを目指して黄海《こうかい》を横断して、渤海湾口を横切るルートで、外洋渡海距離が短く、比較的安全な航路である。しかし、新羅の領域を航行するため、新羅との関係が悪化する七世紀末以降には新たな航路が選択された。大宝度遣唐使に関わる『万葉集《まんようしゅう》』巻一第六二番歌（小商監〈小位＝判官クラス〉美努連岡麿《みののむらじおかまろ》を送別した春日蔵首老《かすがのくらのおびとおゆ》の作）に、

ありねよし　対馬《つしま》の渡り　海中に　幣《ぬさ》取り向けて　はや帰り来ね

（対馬通いの港から出船の際に、海神に幣帛《へいはく》を捧げて、一日も早く無事に帰国しなさい）

とあり、「対馬の渡り」、つまり対馬への渡航の起点ともなる肥前《ひぜん》国松浦《まつら》郡値嘉島《ちかのしま》（五島《ごとう》列島《れっとう》）の美禰良久埼《みねらくのさき》（『万葉集』巻十六第三八六九番歌左注、『肥前国風土記《ひぜんのくにふどき》』松浦郡値嘉島条）から一気に東シナ海を横断する南路をとったことがわかる（東野治之「ありねよし　対馬の渡り」）。

このルートは九世紀以降の唐・宋《そう》商人来航にも利用され、長らく彼我交流の中心的な道になっていく。東福寺《とうふくじ》塔頭《たっちゅう》栗棘庵《りつきょくあん》所蔵南宋の宋拓輿地図《そうたくよちず》には「大洋路」の名称が見

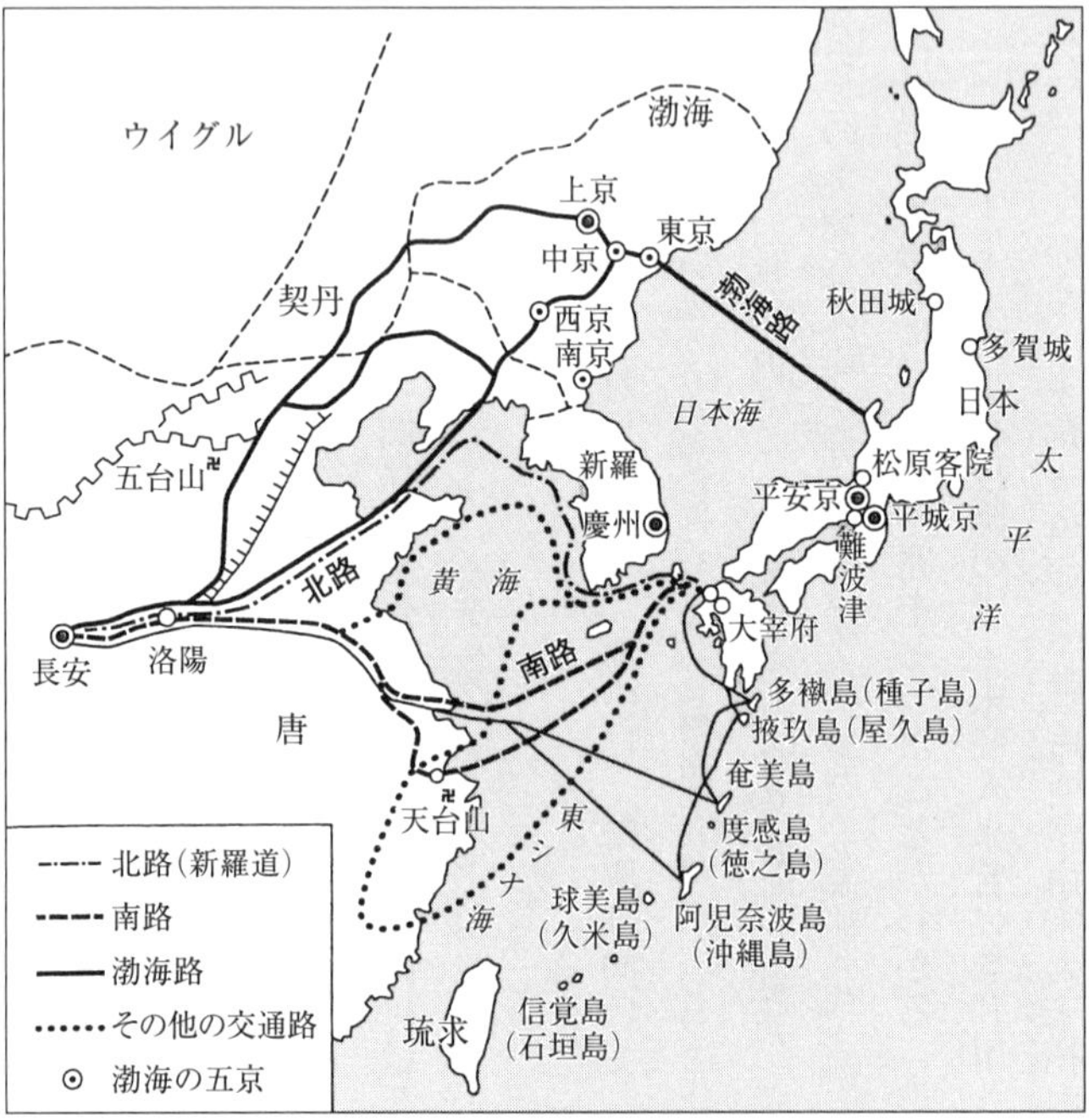

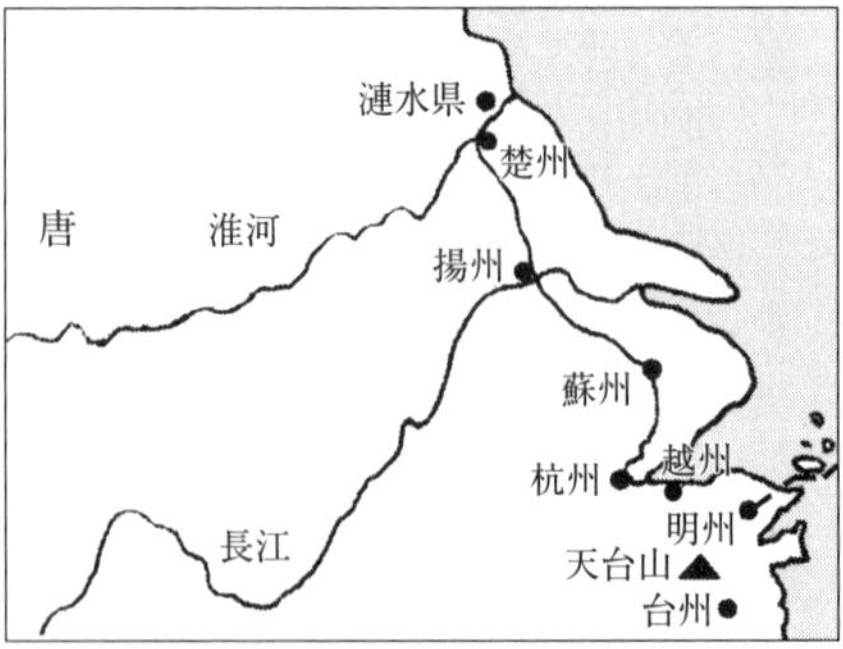

遣唐使の航路と江南要図

えるというが、貞観《じょうがん》九年（八六七）成立の『安祥寺伽藍縁起資財帳《あんじょうじがらんえんぎしざいちょう》』には「大陽海」の語が記されているから、「大陽（洋）」の概念は遡ることができる。

南路のはじまり

なお、斉明《さいめい》五年（六五九）遣唐使が百済南畔から東シナ海を横断した事例をふまえて、三十余年を経て再開された大宝度遣唐使は、「対馬の渡」から北上して対馬方面に赴き、この百済（当時は新羅）南畔ルートをとったと解して、南路になるのは日本と新羅の関係悪化が顕在化する天平度くらいからとする新しい見解も呈されている（河内春人「遣唐使の交通—その往路」）。

しかし、日羅関係には七世紀末から悪化の兆しがあり、文武《もんむ》四年（七〇〇）以降はそれまでの新羅使来日→日本の遣新羅使派遣から、日本の遣新羅使派遣による入貢催促→新羅使来日というパターンに変化している（森公章「日渤関係における年期制の成立とその意義」）。大宝度遣唐使は大宝元年六月頃に渡海する予定であったが、風待ちをしたため、翌二年六月に入海しており、そこにははじめての南路渡航に慎重を期したという事由が推測される。したがって私は、やはり大宝度から南路がとられたと考えておきたい。

その他の航路

この南路（大洋路）の採用によって、唐からの帰路に南方に漂流して利用を余儀なくされたのが「南島路」であり、往路で用いた例はなく、これは正規の交流の道ではなかっ

海を渡る遣唐使船（『東征伝絵巻』巻第四，唐招提寺所蔵）

たと考えられる。「南島路」による帰国は天平《てんぴょう》度遣唐使が最初で、これを機に「着ける島の名、并せて船を泊《は》つる処、水有る処と、去就する国の行程、遥に見ゆる島の名」（『続日本紀《しょくにほんぎ》』天平勝宝六年二月丙戌条）、つまり漂着した島名、船を停泊できる場所、飲料水のありか、多禰《たね》・大隅《おおすみ》・薩摩《さつま》などへの行程、周囲の島々の名称などを明記した木牌《もくはい》を南島《なんとう》の各所に設置し、漂着した遣唐使船に情報を提供するしくみが作られている（『延喜式《えんぎしき》』巻五十雑式も参照）。

渤海路は神亀《じんき》四（七二七）－延長《えんちょう》四年（九二六）の長きにわたり通交のあった渤海を経由する方途であるが、これは唐代史を二分する大事件である安史《あんし》の乱（七五五－七六三）の際や唐からの帰路に一部の使人が利用したもので、臨時的性格が強い。

時期区分

以上の近年の航路の理解に基づき（森公章「交流の道」）、最近では北路から南路に変更された大宝度が大きな画期になり、それ以前の七世紀を前期、大宝度以降を後期とする二区分、あるいは九世紀の遣唐使を区分して、これを後期として、前・中・後期の三区分とするのが有力になっている。

前期遣唐使の段階では朝鮮三国をめぐる動乱のなかで、ついに唐と安定した関係を築くことができなかったが（森公章『「白村江」以後』、同『東アジアの動乱と倭国』）、大宝度遣唐使の際に唐と戦った天智二年（六六三）の白村江《はくそんこう》戦の戦後処理を完遂し、倭国から日本への国号変更を承認され（森公章「大宝度の遣唐使とその意義」、同「遣唐使の時期区分と大宝度の遣唐使」）、「二十年一貢」の約束を交わして（東野治之「遣唐使の朝貢年期」）、本格的な日唐関係、唐文化の全面的移入が始まる。

この「二十年一貢」の原則は九世紀にも大いに意識されており（『性霊集《しょうりょうしゅう》』巻五「請福《ふく》州《しゅう》観察使《かんさつし》入京啓《けい》」、「為橘学生与本国使啓」〈延暦《えんりゃく》度〉、『唐決集《とうけつしゅう》』所引「維蠲《いげん》書状」〈承和度〉）、私は二区分説をとり、八・九世紀の遣唐使を後期遣唐使として把握したい。

船数と官職名

遣唐使は前期では船二艘、後期は四艘が基本で、『万葉集』には「四つの船（四舶）」の呼称が知られる（巻十九第四二六四・六五番歌）。一艘には一二〇―一五〇人が乗船したので、

表2　遣唐使の構成員

① 使節員

〔官人〕	大使（長官），副使（次官），判官（判官），録事（主典），史生（書記官）
〔雑任〕	雑使（庶務係），傔人（官人の従者）
〔通訳〕	訳語（中国語通訳），新羅奄美等訳語

②船員

知乗船事（船長），船師（機関長），柂師（操舵手長），挾杪（操舵手），水手長（水夫長），水手（水夫）

③随員

〔技手〕	主神（神主），卜部（亀卜），医師（医療担当），陰陽師（天文観察），画師（絵画記録係），射手（戦士），音声長・音声生（威儀・音頭取り），船匠（船の修理）
〔技術研修〕	玉生（ガラス・釉），鍛生（鍛金），鋳生（鋳金），細工生（竹木工）

④留学者

留学生（長期留学），学問僧（長期留学），傔従（従者） 還学僧（短期留学），請益生（短期留学）

〔備考〕（　）内は簡単な役割解説．

後期には毎回五、六〇〇人が入唐したことになる。今次の霊亀度遣唐使は五五七人で、この推定値を裏づけるものである。

遣唐使の官人の職位は、七世紀の前期遣唐使の段階では大使・副使・判官の三等官制であったようである（白雉五年遣唐使）。表2は『延喜式』巻三十大蔵省《おおくらしょう》の「入諸蕃使」の規定に依拠して作成したものであるが、『延喜式』の成立過程や実例との照合などを勘案すると、延暦度や承和度など九世紀の遣唐使の構成員を反映していると思われる。大宝度には大位、少録、霊亀度にも大・少判官、大・少録事のような式制と異なる名辞が見え、「位」という表記は文武四年の遣新羅使《けんしらぎし》にも用いられているから、大宝令制定（七〇一年）以前の遣外使節が共有した職名が残り、徐々に整備されていくものと解される。

使節団の構成

遣唐使の構成員を大別すると、①使節員、②船員、③随員、④留学者となる。①は大宝度以降は律令官制の基本である四等官《しとうかん》制をとり、白雉五年には押使、大宝度では執節使、霊亀度にも押使と、大使より上の職位が任命された例があるが、天平度以降は大使が最高位になっている。特に今回の霊亀度を含めた後期遣唐使の最初の二回にこうした特別な統括者が配されたのは、唐との円滑な通交確立に意を砕いたためと考えられる。

大宝度の執節使粟田真人《あわたのまひと》は白雉四年遣唐使の留学僧道観《どうかん》（春日粟田臣百済《かすがのあわたのおみくだら》の子）の後身と推定され（佐伯有清「山上氏の出自と性格」）、大宝律令編纂にも参画した有識の官人であった。彼は『旧唐書《くとうじょ》』日本国伝に、

進徳冠を冠り、其《そ》の頂《いただき》を花と為《な》し、分ちて四散す。身には紫の袍《ほう》を服し、帛《はく》を以て腰帯《おび》と為《な》せり。真人、経史を読むを好み、文を属《つく》るを解し、容止温雅なり。

と評されており、式典用の華やかな冠、中国風の衣服、漢詩・漢文の能力、容姿や態度、

いずれをとっても文明人と位置づけられている。遣外使節には容貌を含め、やはり相手に良い印象を与えるような人選がなされたようである（加藤順一「対外交渉において官人の外貌が有する政治的性格」）。

②は船を動かすために不可欠な人員で、人数としては一番多かったのではないかと思われる。天平宝字五年（七六一）に立案された藤原仲麻呂《ふじわらのなかまろ》の征新羅計画では、一隻の乗員は一五〇人、うち水手《すいしゅ》は四五人という計算になり（『続日本紀』同年十一月丁酉条）、総数は遣唐使船の人数と近似するが、遣唐使船はもう少し大型で、水手の人数も多かったと考えられるので、②の比率はもう少し高かったであろう。

③のなかにも航海の安全に関わる各種の技術者が含まれている。また船の修理に関わることもあったかもしれないが、遣唐使が唐に滞在する一年間ほどの間に、唐でさまざまな技術の研鑽に励むために同行する、いわば技術研修者のような人びともいた。

留学者の渡海

④には長期留学と短期留学がある。長期留学者は次回の遣唐使が到来するまで、後期遣唐使段階では二十年間くらい唐に滞在し、それぞれが目的とする学芸や仏教の研鑽に努めることになる。短期はその回の遣唐使の滞在期間中に、各人の課題に集中的に取り組み、遣唐使とともに帰国するという方式である。

表2では長期留学の学生（俗人）が留学生、僧侶が学問僧、短期留学の学生は請益生、僧侶は還学僧《げんがくそう》と記されているが、前二者を留学生・留学僧、後二者を請益生・請益僧と称する事例もあるので、留学（長期）と請益（短期）として区別し、全体を留学者と呼ぶことにしたい。

留学者選定時の年齢がわかる事例では、留学生は二十歳前後のやや若い者が派遣され、請益生は短期間に必要な成果を上げることができるだけの学芸・経歴を有する者が選抜されたためか、年齢はやや高めになっている。これは今回の霊亀度にも当てはまるようである。

僧侶はいずれの場合でも一定の修行の基礎が不可欠だったと思われ、白雉四年の中《なか》臣《とみのかまたり》鎌足の子定恵《じょうえ》（十一歳）は特殊なものとして、道昭《どうしょう》（二十五歳）、大宝度の道慈《どうじ》（二十七歳）、勝宝度の行賀《ぎょうが》（二十五歳）、延暦度の空海《くうかい》（三十一歳）などの事例からは、二十五〜三十歳くらいで渡航するものと言えよう。

なお、今回の阿倍仲麻呂には傔人羽栗吉麻呂がついていた。傔人は従者のことで、延暦度の最澄・承和度の円仁《えんにん》などの僧侶や大使などの官人には随行していたことが知られるが、霊亀度の真備や井真成については不詳であり、仲麻呂に傔人がいたのは中央有力

仲麻呂には傔人

氏族の阿倍氏出身者ならではのことであったのかもしれない。

羽栗氏は山城国《やましろ》久世郡《くぜ》羽栗郷を本拠とする畿内《きない》の中小氏族で、『新撰姓氏録《しんせんしょうじろく》』左京《さきょう》皇別《こうべつ》下・葉栗臣《はぐりのおみ》条によると、春日・和邇《わに》氏と同族、遣隋・遣唐使関係者では小野・粟田・山上氏などが同系統ということになる。そのほか、越中国史生《えっちゅう》《ししょう》で、日本に滞留した渤海使の首領高多仏《こうたぶつ》に渤海語を師事した羽栗馬長《はぐりのうまなが》の存在も知られる（『日本紀略《にほんきりゃく》』弘仁《こうにん》元年〈八一〇〉五月丙寅条）。吉麻呂の本貫《ほんがん》地は乙訓《おとくに》郡であり（『続日本紀』宝亀七年〈七七六〉八月癸亥条）、羽栗氏では傍流の立場にあったと思われる。

ここからは霊亀度遣唐使に即して、遣唐使の選任、進発・渡海までの行程を見ていきたい。まずは阿倍仲麻呂とともに唐に渡った使人たちの経歴を詳解し、選定理由を考えてみたい。


総責任者である押使に任命された多治比真人県守は、真人の姓（カバネ）の通り、宣化《せんか》天皇と皇后　橘　仲皇女《たちばなのなかつひめみこ》（仁賢《にんけん》天皇の女《むすめ》）との所生子上殖葉《かみつうえは》皇子を祖とする皇親氏族で、天武朝で筑紫大宰《つくしだざい》、持統《じとう》朝では右大臣・左大臣として活躍した嶋の子である。県守は『公卿補任《くぎょうぶにん》』天平九年（七三七）条に薨年七十歳とあるから、押使に任命された時は四十九歳、従四位下の帯位、霊亀元年五月に造宮卿《ぞうぐうきょう》に任じられて省クラスの役所を統率する能力、そして二年以上に及ぶ遣唐使の往還を引率する体力と、いずれの点でも押使たるに相応しい人材であったと思われる。

県守はむしろ帰朝後にさらに活躍しており、養老四年九月、蝦夷《えみし》の反乱に際して持節《じせつ》征夷将軍《せいいしょうぐん》に起用、天平三年八月、諸司の挙により参議《さんぎ》になり、同四年正月に中納言に昇任した。『家伝《かでん》』下（武智麻呂《むちまろ》伝）には、天平初期の「参議高卿」の一人として名前が挙げられており、県守の政治的位置をうかがうことができる。

大使は当初阿倍朝臣安麻呂であったが、ほどなく大伴宿禰山守に交替している。こうした交替例は大宝度にも知られるが、遣唐使からはずされた人物は別の部署で活躍を続けており、今回の安麻呂も忌避や左降された形跡はない。安麻呂はその後元正《げんしょう》天皇治下の養老三年正月に正五位下、聖武《しょうむ》天皇即位時の神亀元年二月に正五位上、同五年五月に従四位下と昇叙している。死亡年次は不明であるが、『家伝』下には「風流侍従」の一人として挙げられており、天平初年頃まで天皇の近侍者として活躍したのであろう。安麻呂の交替理由は明確でないが、本人の事情（病気や資質の欠如など）ではなく、あくまで国家側の官人配置の都合によるものと見ておきたい。

交替して大使になった大伴山守は、和銅《わどう》七年（七一四）正月に従六位上から従五位下に昇叙したところであり、官人としての足跡は遣唐使から帰朝後の方が知られる。養老三年正月に正五位上、七月には遠江《とおとうみ》守で広域行政官である按察使《あぜち》になり、駿河《するが》・伊豆《いず》・甲斐《い》を管轄した。残念ながら、その後の動向は不明であるが、天平十年度駿河国正税帳《しょうぜいちょう》には「神亀二年検校《けんぎょう》按察使正五位下勲七等大伴宿禰山守」（『大日本古文書《だいにほんこもんじょ》』二巻一一二頁）とあるので、ここまでは生存が確認できる。

副使藤原朝臣馬養は律令体制を構築した藤原不比等《ふひと》の四子の男子の一人で、帰朝後に長らく式部卿を務めたので、彼の系統は式家《しきけ》と称され、奈良時代から平安時代初期の政局に大きく関与している。馬養には馬甘の用字もあるが、入唐時に中国風の宇合という表記を採択したらしく、帰朝後はこの表記が用いられている。遣隋使小野妹子《おののいもこ》は隋側では「蘇因高《そいんこう》」と称されたといい（『日本書紀』推古《すいこ》十六年〈六〇八〉四月条）、遣隋使裴世清《はいせいせい》の帰国に随伴して再び渡航した時には、倭国側も「蘇因高」を派遣すると記している（九月辛巳条「東天皇白西皇帝」書）。このように相手側の理解の便宜のために、倭国・日本の使人たちは中国風の官職名や姓名表記を用いているのであり、押使多治比真人県守も「真人英《えい》問《もん》」として知られる（河内春人「日唐交流史における人名」）。

今回の判官・録事は職位と人数のみが知られ、姓名や帯位などが不明であるが、後期

表3　遣隋使・遣唐使の名乗り

派遣年次	使人名	史料上の表記
推古十五	小野妹子	蘇因高（『日本書紀』推古十六年四月条、八月壬子条）
推古十六	〃	蘇因高（『日本書紀』推古十六年九月辛巳条）
	吉士雄成	乎那利（『日本書紀』推古十六年九月辛巳条）
白雉五	高向黒麻呂	高玄理（『日本書紀』白雉五年二月条所引或本）
大宝度	粟田朝臣真人	朝臣（『寰』）、朝臣真人（『旧』『元』『会』『通』『覧』）、朝臣真人粟田（『新』）、粟田真人（『宋』）
	許勢朝臣祖父	朝臣大父（『元』）
	掃守宿禰阿賀流	掃守宿禰明（『続日本後紀』承和三年五月戊申条）
霊亀度	多治比真人県守	真人英問（『冊』巻九百七十四）
	藤原朝臣馬養	宇合
	阿倍朝臣仲麻呂	朝臣仲満（『旧』『会』『新』『覧』）、朝衡（『旧』『会』『新』『覧』『通』）
天平度	多治比真人広成	丹墀真人広成（『曲』）、真人広成（『冊』巻九百七十一）
	中臣朝臣名代	朝臣名代（『曲』）、名代（『冊』巻九百九十九）
	平群朝臣広成	朝臣広城（『曲』）
	大伴宿禰古麻呂	朋古満（石山寺蔵『遺教経』奥書）※
勝宝度	藤原朝臣清河	藤原河清（粛宗勅）
	大伴宿禰古麻呂	大伴宿禰胡満（『延暦僧録』）
	下道朝臣真吉備	真備

宝字度	高元度	元度（粛宗勅）、高元度（渤海中台牒）
	内蔵忌寸全成	全成（渤海中台牒）
	建部公人上	建必感（『入唐求法巡礼行記』）
宝亀度①	小野朝臣石根	朝檝寧（『寰』）、朝楫寧（『会』）
	大神朝臣末足	和聡達（『寰』）、和聡違（『会』）
宝亀度②	？	真人興龍（『寰』）、真人興能（『会』『新』『冊』巻九百九十七）
	？	調揖悉（『寰』）、調楫志（『会』）
延暦度	藤原朝臣葛野麻呂	藤原朝臣賀能（『性霊集』巻五）
	橘朝臣逸勢	橘免勢（『旧』『新』『覧』）
	高階真人遠成	高階真人（『旧』『新』『覧』）、高階真人遠成（『朝野群載』巻二十）、真人遠誠（『寰』『会』）
承和度	藤原朝臣常嗣	藤原朝韋嗣（『寰』）、藤原朝常嗣（『会』）

〔備考〕

・出典の略称：『寰』…『太平寰宇記』巻百七十四・四夷倭国条、『旧』…『旧唐書』日本国伝、『元』…『元和姓纂』巻五、『会』…『唐会要』巻九十九・倭国条・巻百・日本国条、『通』…『通典』巻百八十五・辺防一倭条、『覧』…『太平御覧』巻七百八十二、『新』…『新唐書』日本伝、『宋』…『宋史』日本伝、『冊』…『冊府元亀』、『曲』…『唐丞相曲江張先生文集』巻七「勅日本国王書」、粛宗勅…『続日本紀』天平宝字五年八月甲子条所引の粛宗勅、渤海中台牒…『続日本紀』天平宝字三年十月辛亥条所引の渤海中台牒。

・※天平度の大伴宿禰古麻呂について、佐藤信「日唐交流史の一齣」（『奈良古代史論集』一、一九八五年）は「羽右満」と読み、羽栗吉麻呂（霊亀度の阿倍仲麻呂の従者）に比定し、河内春人「石山寺遺教経奥書をめぐって」（『東アジア交流史のなかの遣唐使』汲古書院、二〇一三年）は「羽古満」と読み、確定できない人物（従来の史料には知られない無名の人物）とする。

遣唐使のほかの事例ではおおむね六位くらいの人びとが任命されているようである。阿倍仲麻呂を含む留学者の選定理由については後述することにしたい。

主神の乗船

表2では③随員の区分に入れたが、今回の一行には祭祀を掌る神主（王神）として津《つ》守《もり》宿禰池吉《いけよし》の参加が確認できる（『津守家譜《かふ》』）。津守氏は摂津《せっつ》国住吉《すみのえ》郡の郡領《ぐんりょう》氏族で、五世紀以来、倭王権の外港として機能する住吉津《すみのえつ》の管理、また海神を奉祀する住吉《すみのえ》神社の神職を務めている。「借五位」は遣外使節などの格上げのため、仮に五位を称させるもので、後に本当に五位を授けられる場合もあるが、池吉のその後の位階は不詳である。

遣唐使船は古代には木材産出国として著名な（『新猿楽記《しんさるがっき》』四郎君条）安芸国で造られることが多く、そのほかにも天平度では近江《おうみ》・丹波《たんば》・播磨《はりま》・備中《びっちゅう》で建造されたことが知られるが、おおむね瀬戸内海の沿海国で造営されて、倭王権以来の畿内の外港である難《なに》波《わ》津《つ》や住吉津が存する大阪湾に回漕されることになる。遣唐使船造営時には「造遣唐使船木霊《こだま》幷山神祭」が行われ、完成した船に対しては「開遣唐使船居《ふない》祭住吉社」が挙行される（『延喜式』巻三臨時祭、『住吉大社神代記《すみよしたいしゃじんだいき》』）。

後者はいわば進水式に相当し、分註に見えるように、住吉社で行われ、神祇官《じんぎかん》からの使者、そして津守氏が関与するものであった。『延喜式』巻八祝詞《のりと》の「遣唐使時奉祭」

には、「船居作給《つくりたま》へば、悦《よろ》こび嘉《うれ》しみ」とあり、住吉神に船着き場の提供を感謝し、幣帛を捧げる内容になっている。さらに長門《ながと》国豊浦《とよら》郡には住吉坐荒魂《すみのえにますあらたま》神社、筑前《ちくぜん》国那珂《なか》郡にも住吉神社があり（『延喜式』巻十神名下〈神名帳《じんみょうちょう》〉。そのほかに播磨国賀茂《かも》郡にも住吉社がある）、これらの地、また途中の随所でも航海の安全を祈願するので（森公章「交流史から見た沖ノ島祭祀」）、以後の外洋航海中を含めて、そこに主神としての津守氏の役割が期待されたのであろう。

なお、遣唐使船の造営には時間がかかり、宝亀度①の事例では宝亀二年十一月に安芸国での造船開始、同四年二月に造営官人らに対する給禄（『大日本古文書』二十一巻二二七頁／宝亀四年二月十六日太政官符《だじょうかんぷ》）が見え、同六年六月に使人の任命、進発は同七年になってからという具合であった。したがって霊亀度にも相応の準備期間が必要であったと推察される。

春日での奉祀と進発

遣唐使に関わる祭祀と言えば、本書冒頭に掲げた阿倍仲麻呂の歌に詠じられている御《み》蓋《かさ》山（三笠山）の南、おそらく春日の地での天神《てんじん》・地祇《ちぎ》の奉祀が注目される（『続日本紀』養老元年二月壬申朔条）。これが明記されているのは平城京遷都後の霊亀度が初見であり、後に仲麻呂が「あまの原」の歌を作ったというのは、この時の記憶が故国の映像として最も鮮明であったためと思われる。八世紀中葉の「東大寺山堺四至図」には、春日大社《かすがたいしゃ》の地は「神地」と記され、社殿の描写はないので、通常は禁足地として清浄が保持されていたのであろう。

ちなみに、都が平安京に遷った段階では、承和度には山城国愛宕郡家《おたぎぐうけ》の門前で天神・地祇の奉祀を行ったとある（『続日本後紀《しょくにほんこうき》』承和四年〈八三七〉二月甲午朔条）。『延喜式』巻三臨時祭では「遣蕃国使時祭」があり、天神・地祇を祭り、大使が祝詞を読むとあるが、残念ながら、巻八祝詞には祝詞の文例が記されていない。

この儀が終わると、朝廷で出発の挨拶をし、天皇から押使に節刀《せっとう》が授けられる。節刀は征討に赴く将軍や遣唐使に与えられ、天皇大権《たいけん》である軍事権や外交権の委任を示すものである。行軍中や外国滞在中はいちいち朝廷に連絡をとることができず、官人・一行に対する処罰権などが一任されるという意味合いも含まれている。宝亀度①（『続日本紀』宝亀七年四月壬申条）、承和度（『続日本後紀』承和三年四月丁酉条）には、

其人等《かのひとども》の和《にぎ》み安み為すべく相言《あいい》へ。驚ろ驚ろしき事行《ことわざ》なせそ。

つまり「唐国の人びとが和やかに安らぐように話し合え。彼らを驚かせるような振る舞いをしてはならない」と厳命され、唐との穏和な通交が指示されており、ここには勝宝

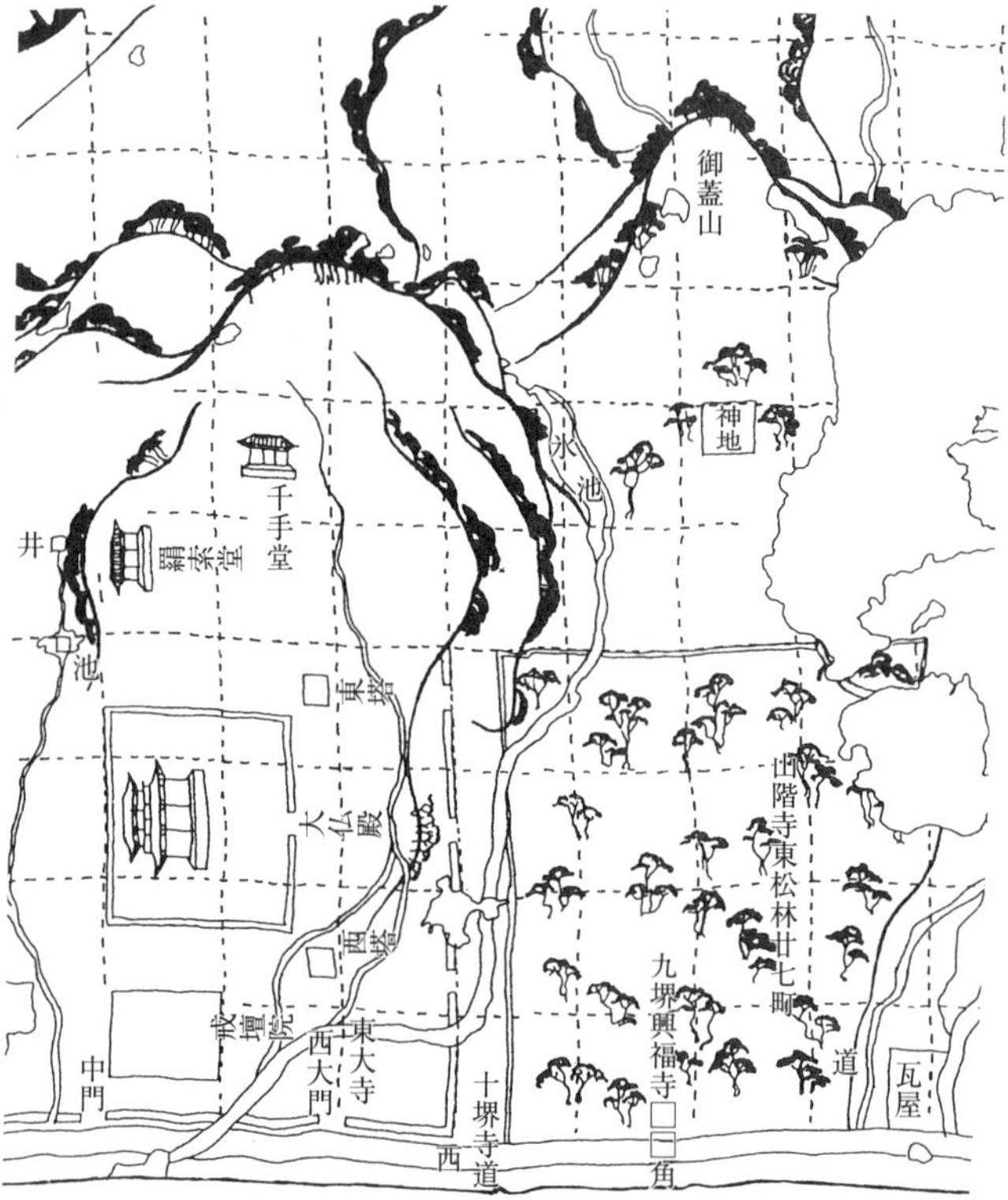

東大寺山堺四至図（部分．金田章裕・石上英一・鎌田元一・栄原永遠男編『日本古代荘園図』東京大学出版会，1996年，558-559頁より）

度の副使大伴古麻呂《おおとものこまろ》が唐の元日朝賀《がんじつちょうが》の際に新羅との席次争い（争長事件）をしたという経緯（後述）があったのかもしれない。霊亀度にはまだこのような経験はなかったので、どのような指示が下されたかは不明であるが、いずれにしても円滑・良好な関係維持が求められたのであろう。

霊亀度はここからの行程が不明になるが、ほかの回の事例によると、節刀をもらうと、もう自宅には帰らず、そのまま難波津に向かい、ここから進発、瀬戸内海を経て、北部九州に到着、そして渡海となる。南路使用の最初である大宝度には慎重に風待ちをしたためか、一度目は渡航を見送り、翌年に渡海している（『続日本紀』大宝二年〈七〇二〉六月乙丑条）。

南路では広い範囲に安定した高気圧が覆い、南寄りの弱い風が吹く程度で天候の変化が少ない七月下旬が最適、五・六月は北の高気圧の勢力が弱まっており、台風が本州に近寄らなくなりまだ北の高気圧が強くならない十・十一月なども、次善の選択肢になるという（松木哲「遣唐使船とその航海」）。遣唐使は朝貢使であり、唐の元日朝賀に参加することも求められたから（東野治之『遣唐使船』）、この日程を逆算すると、七月頃までには渡海する必要があったが、これは天候面からもほどよい渡航時期であったと思われる。

霊亀度については、三月に節刀を授与されており、瀬戸内海航行から北部九州までは約一ヶ月（『万葉集』巻十五の天平八年遣新羅使の行程、『延喜式』巻二十四主計上式の大宰府《だざいふ》からの海路日数などを参照）、そこから五島列島の出発点に向かうとして、おおむね五〜七月には進発できたと推定される。今回は南路利用の二回目であり、若干の経験蓄積もあるから、後述の長安入城の日時も勘案して、特に問題なく一度で渡海できたのであろう。なお、十一月には水手の家族らに優遇措置が施されており（『続日本紀』養老元年十一月甲辰条）、働き手不在の間の配慮を講じたものである。

ちなみに、遣唐使船は四艘であるから、押使、大使、副使、大判官がそれぞれの船の責任者として、危険を分散したうえで渡航したものと思われ、大・少録事計四人も四船に分かれて、事務統括の役割を担ったのであろう。少判官二人は押使と大使の船に乗り、統括の実務を掌ったと推測される。留学者はやはり危険分散のために分乗したと考えられるが、中央有力氏族阿倍氏の子弟である仲麻呂は、最も安全な総責任者の船、今回で言えば押使の第一船に乗船していた可能性がある。

二　唐での行事

賓礼の流れ

では、渡海・入唐後の足跡はどうであろうか。外国使節に対する賓待の儀礼は賓礼《ひんれい》と称されており、唐における賓礼の手順をまとめると、次のようになる（石公章「遣唐使が見た唐の賓礼」）。

A　到着地での行事
B　京上までの過程
C　入京時の郊労《こうろう》
D　館への安置
E　皇帝との会見
F　諸行事への参加
G　饗宴・官賞
H　交易・その他
I　辞見

J　送使の派遣

Aはいわば入国審査である。倭国・日本は隋・唐の冊封《さくほう》（皇帝から国王としての地位を認められ、臣下となる）は受けなかったが、「不臣の朝貢国」という立場をとり、遣唐使は唐に対する朝貢の使者であるから、皇帝の賓客として「生料《せいりょう》」（滞在費）の支給を得ることができた。

到着地でしばらく静養し、Bの京上となるが、京上するのは使節団のうち①使節員と④留学者が主であった。実は水手を含めて多くの人びとは長江《ちょうこう》以南の到着地に滞在していたので、五世紀の倭の五王以来の江南の文化や中国語の発音（呉音《ごおん》）などの影響はずっと続き、遣唐使がもたらす文物は必ずしも長安など唐中枢部のものだけとは限らなかったことには注意しておきたい（東京女子大学古代史研究会編『聖武天皇宸翰『雑集』「釈霊実集」研究』）。

京上と入京

南路による江南の到着地からはおおむね二ヶ月ほどの旅で、唐の都長安に到着する。この長安入城前に挙行されるのがCの郊労であり、長安城から三キロ手前の郊外の長楽《ちょうらく》駅において、使者による「労問」（到来を慰労）や酒食の賜与があった。

そして、入城後、Dの宿舎への安置・供給となる。唐では外国使節用の宿舎として鴻《こう》

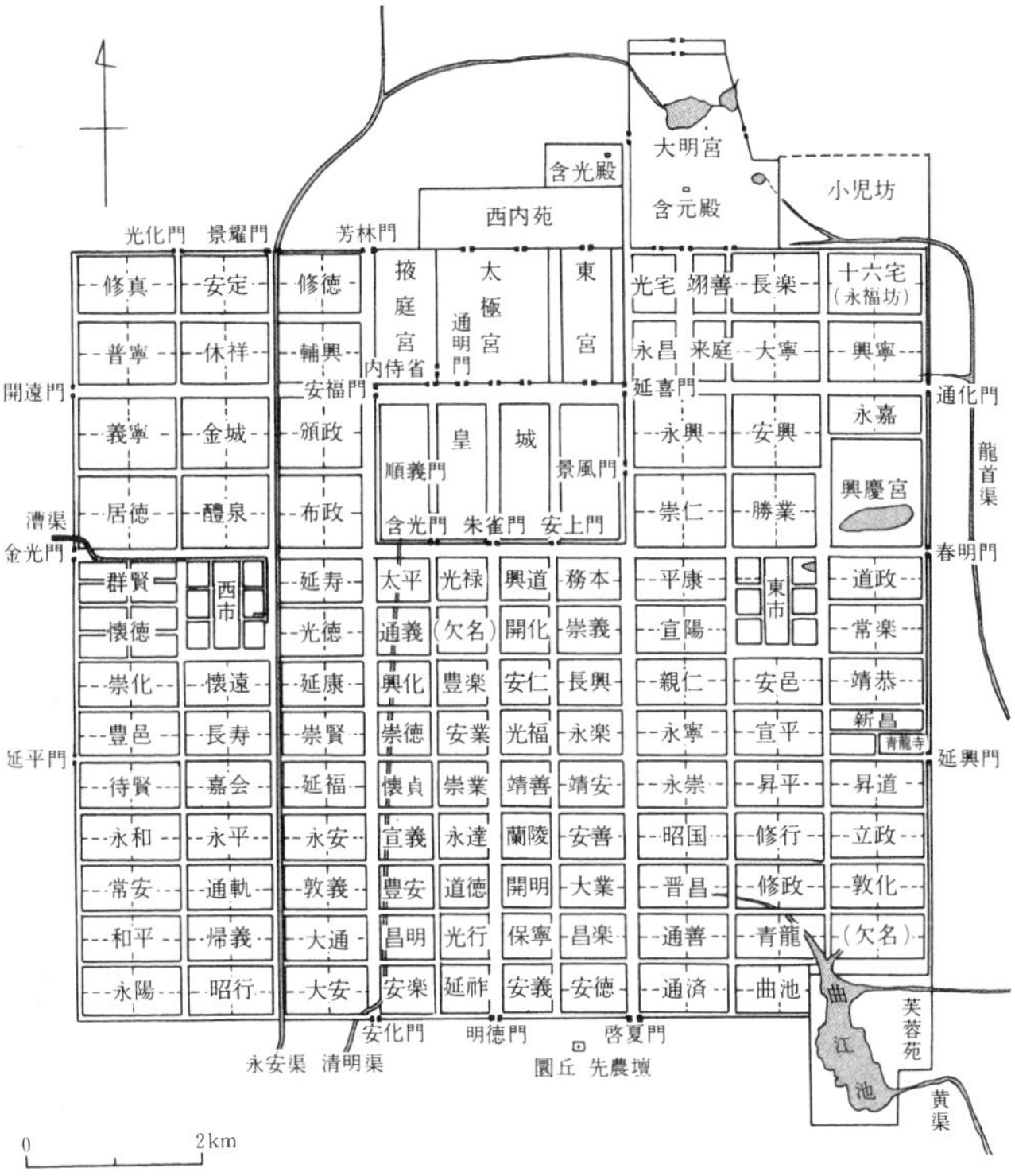

唐長安城の復元（森公章編『日本の時代史』3，吉川弘文館，2002年，251頁より）

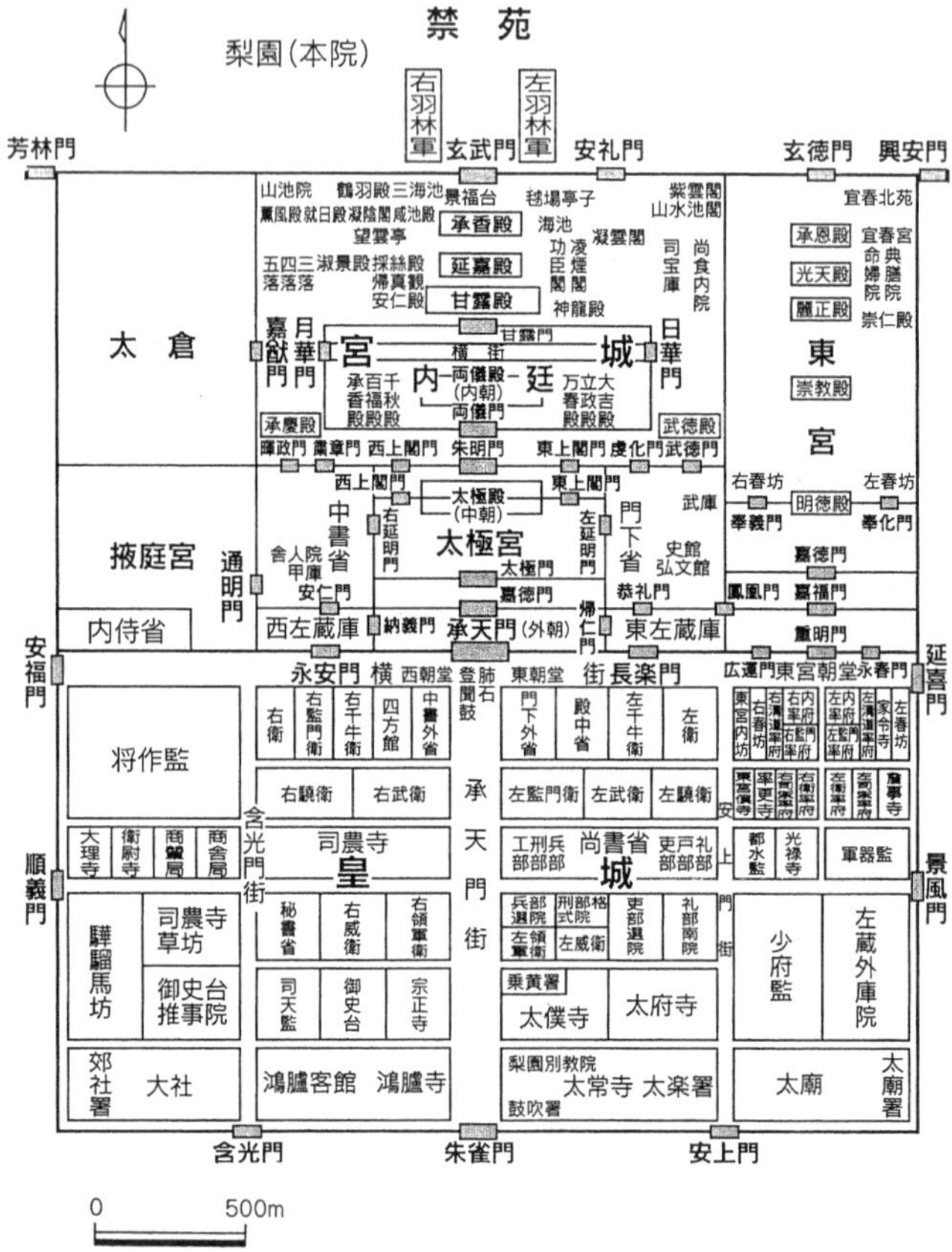

唐長安城の宮城・皇城（妹尾達彦『長安の都市計画』講談社，2001年，123頁より）

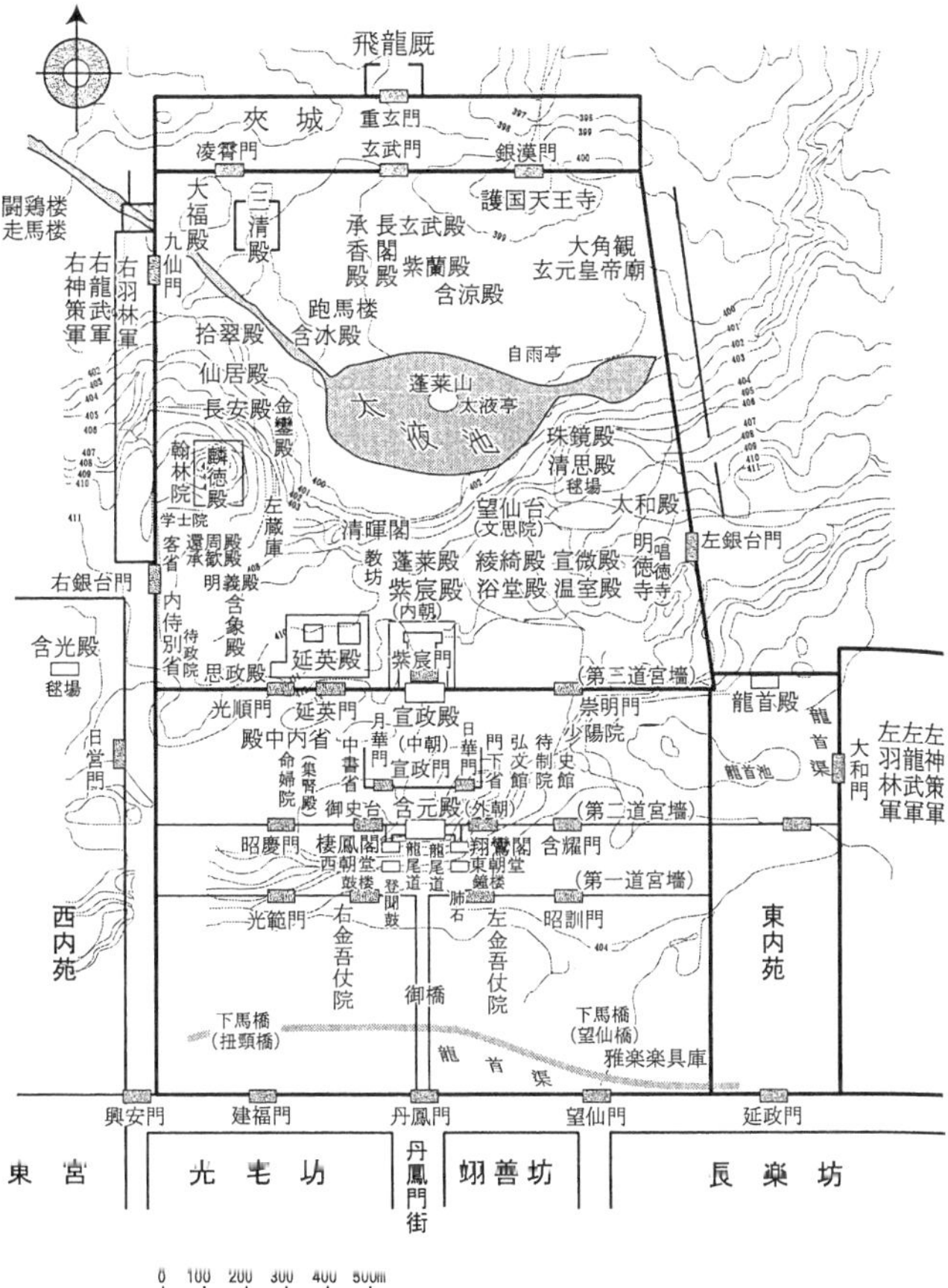

唐長安城の大明宮（妹尾達彦『長安の都市計画』講談社，2001年，177頁より）

臚寺《ろじ》（外務省に相当）の西隣の鴻臚客館や承天門外の中書外省に隣近する四方館があるが、日本の遣唐使は承和度が左街長興坊の礼賓院《れいひんいん》を利用しており、その他比定不明であるものの、「外宅《がいたく》」と呼ばれる場所に宿泊している例が知られる（宝亀度①、延暦度）。「二十年一貢」による不定期の日本の使人は、正規の宿舎とは異なる場所を提供されたようである。

皇帝との謁見

Eにはｉ国書（外交文書）・国信物（贈呈品）の捧呈、ii礼見（三朝制の中朝に相当する大明宮《だいめいきゅう》の宣政殿《せんせいでん》などで行われる正式の会見）、iii対見（内朝〈内裏《だいり》〉に相当する大明宮の延英《えんえい》殿・麟徳《りんとく》殿などで行われる内々の会見）という三つの場があった。留学生に関係する事柄、書物の下賜の申請、その他諸所の見学や京・州県での物品の購入等の許可願など、遣唐使が皇帝に裁可を得るべきさまざまな奏請は、対見の場で行われている。この時にはまた、皇帝からの国情下問や日本への指示などもなされた（斉明五年遣唐使など）。

その後、Fとして元日朝賀や朔旦冬至《さくたんとうじ》（十一月一日が冬至になることは、通常の暦では十九年に一度しか起きないので、慶事とされて宴が催される）などの唐朝廷の儀式に参加したり、G饗宴の際に遣唐使官人に唐の官職を仮授する官賞《かんしょう》を受けたりと、さまざまな交流に努める。またHでは日本に持ち帰る品々（将来品《しょうらいひん》と称する。「将」は「うける」「もつ」の意）の入手に勤しむ日々が続くことになる。
そして、I辞見で皇帝に帰国の挨拶をし、J出港地となる江南の到着地まで使者に送り届けられ、日本に向けて出発、これで唐とはお別れである。唐の冊封を受けていた朝鮮諸国にはしばしば唐の使者が到来したが、倭国・日本の遣唐使帰朝時に関しては、第一回の時の唐使高表仁《こうひょうじん》の来倭、宝亀度①の帰国に伴う来日があるだけで、基本的に遣唐使に随伴する唐使の来航は想定されていなかった。

表4　遣唐使に対する官賞

大宝度	執節使粟田真人	司膳卿
	大使坂合部大分	衛尉少卿
	副使巨勢邑治	（司膳）率
勝宝度	大使藤原清河	特進
	副使大伴古麻呂	銀青光禄大夫光禄卿
	吉備真備	銀青光禄大夫秘書監
延暦度	判官高階遠成	中大夫試太子中允
承和度	大使藤原常嗣	雲麾将軍検校太常卿兼左金吾衛将軍員外置同正員

　高表仁は倭王と礼をめぐって争い、使命を完遂できなかったといい（『旧唐書』日本国伝、『新唐書《しんとうじょ》』日本伝、『善隣国宝記《ぜんりんこくほうき》』所引「唐暦《とうれき》」など）、宝亀度①の正使趙宝英《ちょうほうえい》は途中で第一船とともに漂没し、判官孫興進《そんこうしん》らが入京し、その送使として宝亀度②の派遣があった。後述のように、当時、唐は安史の乱による混乱、玄宗《げんそう》の死に伴う国際関係の再構築中で、日本にも特別に唐使が随伴したものと思われ

る（森公章「唐皇帝と日本の遣唐使」）。

以上の点を予備知識として、霊亀度遣唐使の諸活動を見ていきたい。今回の使人たちが唐のどの地点に到着したかは不明であるが、南路による江南の地への入港後、唐・開《かい》元《げん》五年（七一七＝養老元）十月には無事長安入城を果たしている。郊労の様子は不明であるが、大宝度の粟田真人一行については、長楽駅で五品舎人《ごひんとねり》が労問の宣勅《せんちょく》を行い、その時の拝謝の礼については不明であるという（『続日本紀』宝亀十年四月辛卯条）。

今回は入城後に通事《つうじ》舎人を派遣して、鴻臚寺において宣慰の勅が伝達されている（『冊《さつ》府《ぶ》元亀《げんき》』巻九百七十一・外臣部朝貢四・開元五年十月条）。これが十月初で、それからしばらく休息し、十六日に中書省《ちゅうしょしょう》で饗宴が行われた（以下、同巻九百七十四・外臣部褒異一・開元五年十月条による）。史料には記されていないが、その間に皇帝との面見が行われ、使旨を告げる場面があったのであろう。

十九日には鴻臚寺を通じて孔子廟《こうしびょう》や寺観（仏教の寺院と道教の道観）の見学希望を呈し、許可されている。こうした視察、ある意味では名所観光も、長安の実際の様子や諸施設の状況を実地に見学し、帰国後に朝廷や都の整備に役立てるための知識獲得のうえで重要な任務であった。

この日にはまた、皇帝から日本への将来品の入手に関わる指示を得ている。『旧唐書』日本国伝には、

得る所の錫賚《しらい》、尽《ことごと》く文籍を市《か》ひて、海に泛《うか》びて還る。

と、霊亀度遣唐使は皇帝からの賜り物で大量の書籍を購入して帰途に就いたことで著名であり、これはブック・ロードによる交流と位置づけられる（王勇「ブックロードとは何か」）。その際には持ち出し禁止の禁書《きんしょ》の規制もあり、唐の法令を遵守することは必要であった（坂上康俊「書禁・禁書と法典の将来」、榎本淳一「唐代の出入国管理制度と対外方針」）。

その点に関連して、今回示された指示の原文は、「応須作市買非違禁入蕃者、亦容之」となっており、その読み方に留意したい。これは「須《すべか》らく市買を作《な》すべくば、禁に違《たが》ひて蕃《ばん》に入るに非《あら》ざれば、またこれを容《ゆる》すべし」と読み（「蕃」は外国を示す律令法上の表現）、通常の禁則に従ったと解することもできるが、「須らく市買を作すべくば、非違に蕃に入るを禁ずる者もまたこれを容すべし」と読めば、通常は許可されないものも含めて許容されたという意味になり、優待を示した内容と理解され、ここでは後者を考えてみたい。

そして、唐の儒学者による講義依頼である（『旧唐書』日本国伝）。これは後述の留学者の

活動形態とも関係するが、後期遣唐使による日唐間の通交間隔もあり、日本側には唐にどのような学者・仏教家がいるのかについて正確な知識はなかったと思われる。したがってこのような依頼を行う場合、人選はまったく唐側に委任せざるを得ない。

唐の学校制度は国子監《こくしかん》に国子学・太学《たいがく》・四門学《しもんがく》があり、それぞれ主に三品以上、四・五品、六・七品と庶人《しょじん》の子を対象に教育を行っていた（『大唐六典《だいとうりくてん》』、『旧唐書』職官志《しょっかんし》など）。今回教授を担当したのは、四門学の助教趙玄黙《ちょうげんぼく》という人物である。四門学には博士三人・助教三人があり、学生は五〇〇人であった。趙玄黙は正史に単独の伝記を残すほどではないが、当該期の名儒の一人であったことが知られ（『旧唐書』巻百八十五下・陽嶠《ようきょう》伝、『新唐書』巻百八十九・陽嶠伝・馬懐素《ばかいそ》伝）、それなりの学者であったと言えよう。

学芸の高低差

このあたりの塩梅はなかなかに難しく、冊封下にあり、しばしば唐使の往来もあった新羅に関しては、次のような逸話が知られる（『旧唐書』新羅伝）。開元二十五年（七三七）に聖徳王が死去し、孝成王が即位した時、玄宗は邢璹《けいとう》を派遣したが、その際に新羅は「君子之国」と号し、中国と同様の学問研鑽に努めているので、経典を闡揚《せんよう》し、大国である唐がいかに儒教を興隆しているかを知らしめるようにと訓示している。また新羅では囲碁も盛んであったので、名人の楊季鷹《ようきよう》が随行し、新羅人を撃破した。新羅では邢璹らに信服し、金宝や薬物を贈呈したという。

囲碁については、日本と新羅の両説があるが（池田温「大中入唐日本王子説」）、大中《だいちゅう》年間（八四七―八五九）に王子が唐に来た時に対局を望んだので、唐側は三番目の名人と称して、実は一番の名人を出して勝負し、勝ちを得て、中国との格差を見せつけて承服させたという話もある（『杜陽雑編《とようざつぺん》』巻下など）。

唐の日本認識

そのほか、承和度の遣唐判官で琵琶の名手として名高い藤原貞敏《さだとし》が、揚州で琵琶の伝習を受けた際には、唐側は州衙《しゅうが》で第一の琵琶博士廉承武《れんしょうぶ》をつけてくれたが、彼は「前第一部」、現役ではなく、年齢も八十五歳とかなり高齢であった（宮内庁書陵部蔵『琵琶譜』〈伏見家旧蔵〉奥書）。これなども万一にも中国側の学芸・技能が劣っていた場合の言い逃れを準備した用意周到な措置であり、中国の学術・技芸が周辺の諸蕃《しょばん》国に劣ることは許されないという緊張感があった。この学芸の高低差こそが、日本など周辺国が唐に朝貢する要因であったのである。

趙玄黙による儒学の教授に際しては、日本側は束修《そくしゅう》（入門料）として「白亀〔霊カ〕元年調《ちょう》布《ふ》」と題された布を進上したという。租税関係の賦役令《ぶやくりょう》には、布製品には「国郡里戸主姓名、年月日」を記すことが規定されており（調皆随近条）、正倉院《しょうそういん》に残存する調庸布にもそのような墨書銘が見られる（松島順正編『正倉院宝物銘文集成』）。霊亀元年は霊亀度遣唐使が任命された霊亀二年の前の年であり、この年の納税品を唐に携行し、遣唐使の用途に充てたのであろう。

ただし、唐側はこの記載に不審を抱いたといい、「人亦其《また》の偽なるを疑ふ」と評している。「亦」は『旧唐書』ではその前に倭国から日本への国号変更理由について三説を掲げており（日辺に所在するため、「倭」は優雅でないため、小国の日本が倭国の地を併合したため）、日本側はその事由を明確に説明しなかったらしく、「其人入朝する者、多く自ら大を矜《ほこ》り、実を以て対《こた》へず。故に中国疑ふなり」とあるのを受けたものである。

日本側の対応

「霊亀元年調布」に関しては、独自の年号の存在・使用は冊封下にはないので問題なく、「調」という律令制的収取の存在が疑問視されたものであると思われる。大宝度遣唐使は日本国号とともに、大宝律令の編纂や天皇号を唐に伝達し、対等な外交関係の構築を目指したと考えられたこともあるが（石母田正「天皇と諸蕃」）、遣唐使が朝貢使であることは双方ともに認識しており、唐と対等外交を樹立できるはずがない。

律令法は皇帝支配を支える帝国法であり、日本の大宝律令も自国を中心に、唐を含めてほかの国々を「蕃国」と位置づける規定が存する。天皇号は唐の高宗《こうそう》（在位六四九―六八三）の称号に天皇大帝があり、この皇帝と相似する称号を示すことはできなかったと思われる。したがって律令も天皇号も、唐には隠すべき事柄であり、これを明示すれば、白村江戦どころでは済まない戦争の原因にもなるから、安定的な国交樹立を望む日本側がそのような冒険に及ぶことはなかったのである（森公章「古代日本における対唐観の研究」）。

ちなみに、天平度遣唐使の帰国時に付託された唐の国書には、「勅日本国王主明楽美御徳」書とあり（『唐丞相曲江張先生文集《とうじょうしょうきょくこうちょうせんせいぶんしゅう》』巻七）、日本の君主は「王」と扱われている。「主明楽美御徳」はスメラミコト、天皇の和訓で、好字《こうじ》を連ねているのは日本側から示した用字と目されるが、唐側はこれを国王の名前と解する書式になっており、天皇号の使用を公にできなかった日本側の一つの「知恵」の産物と言えよう。「二十年一貢」の絶域の朝貢国、これが唐側の日本認識にほかならなかったのであり、国際関係の舞台では日本側もこれを外れる振る舞いに及ぶことはなかった。もう一つの律令国家の存在や皇帝に匹敵する天皇号などは唐の認識外に秘されたのである。

遣唐使の帰国

出発から一年強を経て、養老二年十月には大宰府から遣唐使の帰国が上奏されてきた。今回は四船とも無事の帰帆で、これは遣唐使の長い歴史のなかでも稀有の出来事である。阿倍仲麻呂が短期留学の請益生であれば、帰国して日本で官人として活躍する人生になっていたであろうが、仲麻呂はまったく別の道を歩むことになる。

帰朝者のなかには大宝度の大使従五位上坂合部宿禰《さかいべのすくね》大分《おおきた》の名前も見える。大宝度では執節使粟田真人は円滑に帰国できたが、副使巨勢邑治《こせのおおじ》らはそれから二年半も後に帰還しており（『続日本紀』慶雲《けいうん》元年〈七〇四〉七月甲申朔条、同四年三月庚子条）、唐に滞留せざるを得なかった大分にも、同様の試みがあったと推定される。遣唐使以外に連絡網がなかったこの段階では、今回の遣唐使の到来を待って、ようやく帰朝することができたのである。この大分の滞留は後述の仲麻呂の唐での活動にも関係するところがあると思われるので、名前を記憶しておいてほしい。

使人の紹介のところで触れたように、帰朝後はそれぞれに昇叙があり、律令官人として活躍する日々が待っていた。平城宮跡出土の考選関係の木簡《もっかん》にも、

□人遣大唐使

という削屑があり（『平城宮木簡』六・八五一七号／SD四一〇〇出土）、彼らの叙位《じょい》に関わるものとして興味深い。

ちなみに、養老三年正月に遣唐使たちが帰朝の拝見をした時、彼らは唐が授けた朝《ちょう》服《ふく》を着していたといい（『続日本紀』養老三年正月己亥条）、これは官賞により唐の官職を授与

され、その相当品に相応しい朝服が支給されていたことを示す。つまり遣唐使は唐の臣下になったことを誇示し、日本の朝廷がそれを譴責した徴証はなく、この点からも遣唐使が朝貢使であったことは充分に認識されていたと言えよう。

唐の国書

今回はまた、唐側は大宝度の大使坂合部大分に、

皇帝敬到〔致カ〕書於日本国王（皇帝、敬《つつし》んで書を日本国王に致す）

の国書を付託したことが知られ（『善隣国宝記』鳥羽《とば》院《いん》元永《げんえい》元年〈一一一八〉条所引元永元年勘文《かんもん》）、上述のように、日本の君主はあくまで「王」の扱いであった。

隋・唐から倭国・日本への国書を一覧すると、表5の通りである。唐の国書の書式は、(a)慰労制書＝「皇帝（敬）問某」の形式、「璽書《じしょ》」「勅書《ちょくしょ》」とも称する、(b)論事勅書＝「勅某」の形式、(a)よりも劣る相手に出す、の二つがあり、いずれも皇帝が臣僚に下す文書であった。また(c)「致書」は、対等関係を示す国家間の文書であり、君臣関係が明確でない場合にも使用される。

表5によると、唐の国書は大宝度以前の(a)から、大宝度以後は(c)→(b)→(a)と変化し、(a)に定着したことがわかる。今回は後期遣唐使としては二回目であり、唐側としてもまだ日本の位置づけを図りかねていたところがあったのかもしれない。

表5　隋・唐から倭国・日本に宛てた国書（遣唐使の（　）内は私案の次数を示す）

年次	使人名	概要	出典
推古十六	隋使裴世清	「皇帝問倭王」(a)	『善隣国宝記』所載元永元年諸家勘文所引「経籍後伝記」
舒明　四	唐使高表仁	（日本を冊封する国書があったか）	
白雉　五	遣唐使（3）	高宗の「璽書」(a)ヵ（新羅救援命令）	『新唐書』日本伝
天智　三	唐使郭務悰	表函を進める ※『善隣国宝記』天智三年条所引「海外国記」～「将軍牒書」（＝百済鎮将の牒）を進上	『日本書紀』天智三年五月甲子条
天智　四	唐使劉徳高	表函を進める	『日本書紀』天智四年九月壬辰条
天武　元	唐使郭務悰	「大唐皇帝敬問倭王書」(a)	『日本書紀』によると、郭務悰は天智十年十一月来日、天武元年四月に書函を進めており、『善隣国宝記』元永元年勘文所引の二通の国書のうちで当時の用語・書式として相応しい方を採択した
養老　二	遣唐使（8）	「皇帝敬致書於日本国王」(c)	元永元年勘文
天平　八	遣唐使（9）	「勅日本国王主明楽御徳」(b)	『曲江集』巻七
天平勝宝四	遣唐使（10）	「懐敬問之詔」（「皇帝敬問」ヵ）(a) 王維「送秘書晁監（阿倍仲麻呂）還日本国幷序」	『文苑英華』巻二百六十八
宝亀　十	唐使孫興進	唐朝書を上る	『続日本紀』宝亀十年五月癸卯条
延暦二十四	遣唐使（16）	勅書(a)ヵ函を附す	『日本後紀』延暦二十四年六月乙巳条
承和　六	遣唐使（17）	大唐勅書(a)ヵを奏す	『続日本後紀』承和六年九月乙未・丙申条

なお、かつては日唐関係は対等外交であると見る考え方が有力で、日本側は国書不携行とされていたが、朝貢使である日本の遣唐使が国書を持参しないのはおかしく、唐の国書の到来状況を勘案して、日本側でも国書を携行していた可能性が高いと見るのがよいであろう。

帰朝者の面々

大宝度の留学者のうち、弁正《べんしょう》は唐に残ったので（後述）、今回帰朝したことが判明するのは道慈だけである。道慈は三論宗《さんろんしゅう》の学匠で、長安の西明寺《さいみょうじ》の図を参考にして平城京の大安寺《だいあんじ》を造営したと伝えられており、教理経論だけでなく、寺院の造作も含めて、仏教に関わる多くの事柄を学んでいたことがわかる（『続日本紀』天平十六年十月辛卯条卒伝、『扶桑略記』天平元年条、『今昔物語集《こんじゃくものがたりしゅう》』巻十一第十六話など）。

今次の請益生であった大倭忌寸小東人（六八九―七六九）は、大倭国造《やまとのくにのみやつこ》家の出身、律令に通暁した人物で、帰朝後も明法道《みょうぼうどう》の第一人者として活躍することになる。養老六年二月には養老律令撰定の功により田四町を賜り、その後大和宿禰長岡と改名、刪定《さんてい》律令二十四条の撰者になるなど、律令学の研鑽に努めている。八十一歳の長命で、最晩年まで髪の毛が黒々としており、動作は作法に違わなかったという（『続日本紀』神護景雲《じんごけいうん》三年〈七六九〉十月癸亥条）。

将来した品々

法隆寺《ほうりゅうじ》の檀像《だんぞう》や舎利《しゃり》が唐からの到来品であることが知られ（天平十九年二月十一日法隆寺《ほうりゅうじ》伽藍縁起《がらんえんぎ》并《ならびに》流記資財帳《るきしざいちょう》／『大日本古文書』二巻五八一―五八三頁）、今回の遣唐使では、僧侶の派遣とともに、仏像などの仏具や寺院の荘厳具などが船に積み込まれたことがわかる。五度の日本渡航試行失敗のうえ、勝宝度遣唐使の帰朝に随伴して来日した唐僧鑑真《がんじん》は、最初の渡海を試みた際に、さまざまな仏像・経典・仏具のほかに、各種の香薬や蜜・甘庶《かんしゃ》など多数の品々を勝載したといい（『唐大和上東征伝《とうだいわじょうとうせいでん》』）、仏教儀礼を行ううえで必要な物品も多数あった。

後代には「唐物《からもの》」という言葉も流布するが、管見の限り、この語の初見は延暦度遣唐使帰国後に、大嘗会《だいじょうえ》の雑楽の伎人《きじん》らが「唐物」の飾りを用いることを禁止した法令である（『日本後紀《にほんこうき》』大同《だいどう》三年〈八〇八〉十一月戊子条）。遣唐使船にどのような物品が積載されたかは意外に不明の部分が大きく、正倉院宝物《しょうそういんほうもつ》のなかでもどの時期にどのような方法で到来したかが判明する例は少ない。

そうしたなかで、「貞家墨」の陽刻文を持つ墨は、その背朱書に、

開元四年丙辰秋貞□□□□

とあり（松島順正編『正倉院宝物銘文集成』）、開元四年は霊亀二年で、これは霊亀度遣唐使が

将来した品物である可能性が高い。

正倉院宝物の形成には、天平勝宝八歳六月二十一日に聖武太上天皇《だじょうてんのう》の七七《なななぬ》（四十九日）忌《か》を機に、光明皇太后が先帝の冥福を祈って、生前愛用の品々などを東大寺《とうだいじ》大仏に奉献したことが大きい。そこには「大小王真跡書一巻」、すなわち王羲之《おうぎし》・王献之《おうけんし》の書、欧《おう》陽詢《ようじゅん》真跡の書、屛風などの秘蔵品があり、「唐」「唐様《からよう》」が冠称される刀子《とうす》・大刀《たち》、「大唐勤政楼前観楽図」「大唐古様宮殿画」などの絵画、また犀角《さいかく》や象牙など日本には自生しない材料が使用されている刀子、鏡、琵琶などの楽器、碁局《ききょく》といった品々が散見する。日本産品以外の薬物のなかにも、勝宝度までの遣唐使による将来品が含まれていたと推定される（森公章「奈良時代と「唐物」」）。遣唐使船には人（ヒト）とともに、こうした物実《ぶつじつ》（モ

「開元四年」と書かれた唐の墨（正倉院宝物）

ノ）も数多く勝載されていたのである。

三　留学者の諸相

留学者の選定

以上、阿倍仲麻呂が渡海した霊亀度遣唐使の活動や遣唐使全般のあり方を整理したが、ここで留学生としての仲麻呂の姿を明らかにするために、遣唐留学者の様態を見ておきたい。ちなみに、仲麻呂の入唐身分については、『旧唐書』日本国伝には「偏使」とあり、『新唐書』日本伝には「副使」と記され、これを受けてか、日本側史料にも仲麻呂を副使あるいは使節員の一員とするものがある（『扶桑略記』霊亀二年八月同月条、『江談抄《ごうだんしょう》』第三巻二）。両唐書の比較は後に検討することにしたいが、十六歳の仲麻呂が副使になれるはずはなく、「偏使」は正使以外のすべての使人一行を含む用語であって（杉本直治郎『阿倍仲麻呂伝研究〈手沢補訂本〉』）、仲麻呂が留学生として入唐したことはまちがいない。ただ、「偏」には「たすけ、そえ」の意もあるので、『新唐書』は「副使」と誤解して、これが流布したのであろう。

では、仲麻呂はどのようにして留学生に選定されたのであろうか。留学者には長期滞在の留学と短期滞在の請益の別があること、俗人と僧侶の派遣年齢の目安などについては上述の通りである。遣隋使も含めて、留学者全体を見渡すと（表6）、その階層に関しては、遣隋留学者は渡来系氏族で占められており、前期遣唐使の白雉四年の事例では、定恵や道観（粟田真人）など中央有力氏族の子弟も派遣されているという特色がうかがわれる。しかし、後期遣唐使は多士済々であり、一定の基準があったかどうかはわからない。

選定の基準

仲麻呂とともに入唐した霊亀度の下道（吉備）真備は、備中国下道《しもつみち》郡を本拠とする吉備氏一族の出身で、父は右衛士《うえじ》少尉《しょうじょう》（相当位は正七位下）下道朝臣圀勝《くにかつ》、母は天平十一年八月二日楊貴氏《やぎし》墓誌（大和宇智《うち》郡牧野村出土、現存せず）に見える揚貴（八木）氏という畿内の中小氏族の出自である。和銅元年十一月二十七日下道圀勝母骨蔵器《しもつみちのくにかつのははこつぞうき》が備中地域で出土しているので（備中小田《おだ》郡東三成村出土、同村圀勝寺《こくしょうじ》所蔵）、真備は父の代になって初めて中央に出てきた家系に属する。したがって留学者に選抜されたのは当人の資質によるとしかまとめようがないが、同時に入唐した阿倍仲麻呂や後述の井真成が十代であるのに対して、真備が二十歳を超えていたのは、遣使の時宜という要素も大きいものの、畿内豪族としての伝統の有無による等差の作用を読み取ることができるかもしれない。

仲麻呂が遣唐留学生に選ばれた理由としては、すぐに交替したが、当初の大使阿倍安

表6　遣隋・遣唐留学者一覧

年次	役職	人名	備考	留学生・請益生以外の将来品・事績
推古十六年の遣隋使	学生	倭漢直福因	『日本書紀』推古三十一年七月条帰朝	
	〃	奈羅訳語恵明		
	〃	高向漢人玄理	『日本書紀』舒明十二年十月乙亥条帰朝、孝徳朝の国博士	
	〃	新漢人大圀		
	学問僧	新漢人日文	『日本書紀』舒明四年八月条帰朝、僧旻とも。孝徳朝の国博士	
	〃	南淵漢人請安	『日本書紀』舒明十二年十月乙亥条帰朝、大唐学問僧清安とも。	
	〃	志賀漢人慧隠	『日本書紀』舒明十一年九月条帰朝、無量寿経を講説（舒明十二年五月辛丑条）	
	〃	新漢人広済ら八人		
年次不明の遣隋使	大唐学問者	恵斉	『日本書紀』推古三十一年七月条帰朝	・『隋書』倭国伝には大業三年（六〇七＝推古十五）にも「沙門数十人が来て仏法を学ぶ」とある
	〃	恵光	〃	
	〃	医恵日	『日本書紀』推古三十一年七月条帰朝、遣唐使として二度渡海	
	学問僧	霊雲	『日本書紀』舒明四年八月条帰朝、十師（同	

			大化元年八月癸卯条）
	〃	勝鳥養	『日本書紀』舒明四年八月条帰朝
	大唐学問僧	恵雲	『日本書紀』舒明十一年九月条帰朝、十師（大化元年八月癸卯条）
白雉四年の遣唐使	学問僧	道厳	
	〃	道通	
	〃	道光	律師（『日本書紀』持統八年四月庚午条）、『依四分律撰録行事』を著す
	〃	恵施	僧正（『続日本紀』文武二年三月壬午条）
	〃	覚勝※	
	〃	弁正	
	〃	恵照	
	〃	僧忍	
	〃	知聡※	
	〃	道昭（二十五歳）	玄奘に師事、飛鳥寺禅院・元興寺禅院には優れた楷書体で錯誤の少ない経論が多く所蔵されており、道昭が将来したものという（『続日本紀』文武四年三月己未条）
	〃	定恵（十一歳）	中臣鎌足の子。天智四年帰朝
	〃	安達	中臣渠毎の子
	〃	道観	春日粟田臣百済の子真人。『日本書紀』天武

			十年十二月癸巳条以前に帰朝	
	〃	知弁		
	〃	義徳	二十七年間在唐、『日本書紀』持統四年九月丁酉条帰朝	
	〃	道福※		
	〃	義向※		
	学生	巨勢臣薬	豊足の子	
	〃	氷連老人	真玉の子。十七年間在唐、天智十年帰朝（『日本書紀』持統四年十月乙丑条）	
	〃	坂合部連磐積	『新字』一部四十四巻を著す	
白雉五年の遣唐使	学問僧	恵妙※		
	〃	智国※		
	〃	智宗	二十六年間在唐、『日本書紀』持統四年九月丁酉条帰朝	
	学生	高黄金		
天智八年の遣唐使		釈智蔵	『懐風藻』、三蔵要義をもたらす。持統朝に帰朝し僧正に	
	使人	黄書造本実	水臬（水準器）・仏足石図をもたらす	
入唐年次不明	大唐学生	土師宿禰甥	天武十三年十二月癸未条帰朝、大宝律令編纂に参与（『続日本紀』文武四年六月甲午条）	

	〃	白猪史宝然		
大宝度	留学僧	弁正※	囲碁の技能あり、秦忌寸朝元の父	・唐より経論律等を寄送する（『性霊集』巻五）
	〃	道慈（二十七歳）	十六年間在唐。霊亀度に帰朝。愚志一巻を著述し、僧尼の事を論じる（『続日本紀』天平十六年十月辛卯条）。西明寺図を将来し、大安寺造営に貢献	・鳳凰鏡、窠子錦（『続日本紀』慶雲元年十 月庚寅条）
霊亀度	留学僧	玄昉	十八年間在唐、『開元釈教録』をもたらす	・皇帝からの賜賚品で書籍を購入して帰国（『旧唐書』日本伝） ・孔子廟堂、寺観を見学（『冊府元亀』巻九百七十四・外臣部褒異一、巻百七十・帝王部来遠開元五年十月乙酉条） ・拝見した入唐使は皆唐国で授けられた朝服を着す（『続日本紀』養老三年正月
	留学生	下道朝臣真備（二十二歳）	十八年間在唐。天平度	
	〃	阿倍朝臣仲麻呂（十六歳）※		
		傔人羽栗吉麻呂	唐女を娶り、翼・翔を生む	
	〃	井真成（十八歳）※		
	請益生	大和宿禰長岡（二十八歳）	日本で疑問となっていた法律上の問題について長岡に質問する者が多かったという（『続日本紀』神護景雲三年十月癸亥条）	

				乙亥条） ・檀像一具（法隆寺伽藍縁起幷流記資財帳）
天平度	留学僧 〃 〃 〃 〃 請益生	普照 栄叡※ 玄朗※ 玄法※ 理鏡 秦大麻呂	勝宝度で鑑真らを随伴 （栄叡） （玄朗） （玄法） 菩提僊那を随伴、南天竺波羅門僧正碑幷序には「学問僧」とあるが、請益僧か 入唐使が請益秦大麻呂の問答六巻を献上（『続日本紀』天平七年五月壬戌条）	・判官秦忌寸朝元は『万葉集』巻十七第三九二二－三九二六（天平十八年正月）左注に王卿らが応詔作歌した時、左大臣橘諸兄が朝元に和歌を詠むことができないならば、麝香を贖えと戯言したといい、唐物を所持していると思われていたか。 ・石山寺所蔵遺教経奥書に唐の清信の弟子陳延昌がこの大集経典を荘厳にして日本の使国子監大学朋

				古満に附して日本に流伝するとあり、開元二十二年二月八日に京より出発という・『肇論疏』本奥書は、開元二十三年閏十一月に揚州大都督白塔寺沙門玄湜が日本国大乗大徳法師に流伝するために勘校。副使中臣朝臣名代の帰国に付託か
勝宝度	留学僧	行賀（二十五歳）	三十一年間在唐。宝亀度①に帰朝	・日本国使が供養香の製法を写取（『薫集類抄』上） ・「大小乗経論賢聖集別生并目録外経惣一百七巻」は「去天平勝宝六年入唐廻使請来」とあり（『大日本古文書』四巻四
	留学生カ	船連夫子	大唐学問无位船連夫子に外従五位下を授けようとしたが、辞退して出家（『続日本紀』勝宝六年十一月辛未条）	
	請益生カ	膳臣大丘	入唐して先聖の遺風を問い、膠庠の余烈を覧る（『続日本紀』景雲二年七月辛丑条）	
	〃	粟田道麻呂	破陣曲を伝来（『教訓抄』）	

				九六−四九九頁、十五巻四五頁） ・三教殿を見学（『東大寺要録』所引延暦僧録逸文）
宝亀度①	請益生	伊与部連家守	明経、公羊・穀梁伝を将来（『日本紀略』延暦十九年十月庚辰条・学令経周易尚書条集解所引延暦十七年三月十六日官符）。帰国後に直講	・准判官羽栗臣翼が揚州にて鋳工に鈍隠の鑑定を依頼（『続日本紀』天平神護二年七月己卯条）、宝応五経暦を将来（『日本三代実録』貞観三年六月十六日条）
	請益僧	戒明		
	〃	得清		
	〃	玄覚		
延暦度	留学僧	空海（三十一歳）	大同元年帰国	・伴宿禰少勝雄が囲碁を学ぶ ・遣唐舞生久礼真蔵（茂）が春庭楽・柳花薗を伝来（『教訓抄』） ・和邇部嶋継が蘇合香を伝来（『教訓抄』）
	〃	霊仙（船）※	唐・五臺山で死去	
	請益僧	最澄（三十八歳） 沙弥訳語僧義真 従者丹福成 経生真立人		
	留学生	橘朝臣逸勢	大同元年帰国	
	請益生	豊村家長※	明経請益大学助教	

	〃	粟田朝臣飽田麻呂	入唐留学生无位粟田朝臣飽田麻呂に正六位上を授与（『日本後紀』延暦二十四年十月甲寅条）	・丹部頭麻呂が横笛を伝習（『新撰楽譜』） ・唐物（彩帛・綾・錦・香薬）を献上
承和度	留学僧	円載		・知乗船事菅原朝臣梶成は医経に通じていたので、疑義を問わせたという（『文徳実録』仁寿三年六月辛酉条） ・准判官藤原朝臣貞敏が琵琶を伝習（二十八歳、『日本三代実録』貞観九年十月四日条、宮内庁書陵部蔵「琵琶譜」〈伏見家旧蔵〉） ・大使藤原常嗣の言によると、日本の大極殿は唐の大明宮含元殿とまったく同じ
		弟子仁好		
		弟子順昌		
		傔従伴始満		
	〃	真済		
		弟子真然	第三船漂没により入唐中止	
	請益僧	円仁		
		（弟子性海）	円仁を迎えるため承和十三年に渡海	
		弟子惟正		
	〃	円行		
	〃	戒明		
		弟子義澄		
		弟子常暁	太元帥之法を伝える	
	紀伝留学生	長岑宿禰氏主		
	暦留学生	佐伯直安道	逃亡により入唐せず	
	天文留学生	志斐連永世	〃	
	暦請益生	刀岐直雄貞	〃	

〃	春苑宿禰玉成	遣唐陰陽師兼陰陽請益正八位上春苑宿禰玉成が在唐中に得た「難義」一巻を陰陽寮の諸生に伝学させる（『続日本後紀』承和八年正月甲午条）	であるという（『中右記』永長元年十月十一日条）
〃	伴宿禰須賀雄	碁師、「別請益生」とある（『入唐求法巡礼行記』巻一・開成三年十月四日条）	

〔備考〕人名の下に※を入れた人物は唐または途中で客死、あるいは行方不明となり、帰国しなかった者を示す。（　）は入唐時の年齢。

麻呂の存在が注目される。立場は異なるが、大宝度遣唐使に官人の最末端で参加した山上憶良《やまのうえのおくら》は、時に四十歳くらいと推測されるものの、なお無位《むい》（官人として考選対象ではあるが、最下位の少初位《そい》下も得ていない状況であることを示す）で、同じ和邇氏系の執節使粟田真人の推挽によって起用されたと考えられている（佐伯有清「山上氏の出自と性格」）。したがって仲麻呂の登用には、この種の忖度が作用したものと目され、上述のような阿倍氏一族の統合の気運、将来を担う人材の派遣という要因が大きかったと思われる。

留学者の人数と待遇

一度の遣唐使で何人くらいの留学者が渡海したのか、残念ながら正確な数字がわかる事例はない。前期遣唐使では白雉四年遣唐使に関して、船二隻、それぞれ一二〇人くらいの人員のうち、第一船について二〇人くらいの留学者の名前が知られる（『日本書紀』白雉四年五月壬戌条）。唐文化移入が本格化する後期遣唐使においては、それと同数（以上）の派遣が推定されるが、史上に名を留める者は僅少であり、今回の霊亀度でも長期留学者は四人しか判明していない。ただ、そのうちの井真成は、後述のように、二〇〇四年になってその存在が知られるようになった人物であり、歴史に名を残した者の背後には多くの無名の人びとが活動していたことを想像すべきであろう。

『延喜式』巻三十大蔵省の「入諸蕃使」の規定によると、留学生・僧には各人に絁《あしぎぬ》四〇疋《ひき》・綿《めん》一〇〇屯《とん》・布八〇端が支給された。禄令《ろくりょう》給《きゅう》季禄《きろく》条では、正・従一位の春夏禄が絁三〇疋・綿三〇屯・布一〇〇端・鍬《くわ》一四〇口とあるので、相当の優待であるが、これだけでは長期にわたる在唐生活を維持することはできない。そこで、唐側の官費支給が期待されるわけである。『唐会要《とうかいよう》』巻三十六「蕃夷請経典」の「附学読書」の項には、開成《かいせい》元年（八三六）六月に新羅宿衛生《しゅくえいせい》王子金義宗《きんぎそう》が留住学生の申請を行った時、「衣糧は例に准《なぞら》へて支給する」という勅が下され、同二年三月にも時服糧料《じふくりょうりょう》を請求した例が知られる。

唐での生活

日本の留学者たちもこうした唐側からの支弁を得て、滞在・学業への専念が可能になったものと考えられる。唐の国内情勢が不安定になる九世紀には、承和度遣唐使に対して滞在留学者の制限、また滞在が認められたとしても、天台留学僧円載《えんさい》には五年間で食料支給打ち切りの旨が告げられている（『入唐求法巡礼行記《にっとうぐほうじゅんれいこうき》』巻一・開成四年二月二十四・二十七日条）。後にはこうした待遇悪化も見られるが、八世紀前半にはそうした懸念もなく、仲麻呂らは安心して唐での生活を送ることが保障されていたと思われる。

なお、承和度の大使藤原常嗣《つねつぐ》は、円載に学問料として東絁《あずまのあしぎぬ》三五疋・帖綿《じょうめん》一〇畳・長綿六五屯・砂金二五大両を賜与しており、唐に残る留学者たちには日本に戻る遣唐使の官員から何がしかの賜物があったのかもしれない。

道慈が大安寺を造営する際に参考にした西明寺《さいみょうじ》は、外国僧が居住する交流の場として著名であり（蔵中しのぶ「長安西明寺と大安寺文化圏」）、後には永忠《えいちゅう》、空海《くうかい》など日本からの留学者が居住する例も知られる。永忠は遣唐使とは別個に、渤海使帰国に付随して入唐留学したようであるが、延暦度遣唐使に随伴して帰朝する際、新来の留学僧空海にその居所を引き継いでおり（『扶桑略記』延暦二十四年〈八〇五〉条）、去来する留学者相互で寄宿場所の譲渡・継続確保が行われていたことがうかがわれる。

俗人の事例は不明であるが、新生活に入るうえで寄宿先の確保は重要であり、人脈をたどっての何らかの支援・融通があったものと推定される。この点は阿倍仲麻呂の唐での活動を考えるうえでも留意しておきたい。

下道真備の場合

仲麻呂の唐での生活は後述することにし、ここでは彼と同時に入唐留学した人びとの動向を整理し、仲麻呂について検討するための参考材料としたい。まず下道（吉備）真備である。真備の父の名前の「圀」は、大宝度遣唐使がもたらした最新の情報である則天文字《そくてんもじ》による表記であり、真備はそうした好奇心旺盛な父の影響もあって、遣唐留学を夢見て、それを実現したのであろう。真備は次の天平度遣唐使に随伴して帰朝し、留学の成果を背景に文人官僚として大いに活躍する（『続日本紀』宝亀六年十月壬戌条吉備真備薨伝《こうでん》）。聖武天皇と光明皇后の所生子で、女性皇太子から即位した阿倍内親王《あべないしんのう》（孝謙《こうけん》・称徳《しょうとく》女帝）の学問の師になったことが大きく作用し、文人、しかも地方豪族出身者で右大臣にまで昇任した稀有の事例となっている。

そこには後期遣唐使による唐文化移入の本格化の初期に唐の諸学芸を総体的に習得した人物として重用され、また藤原仲麻呂の専制や称徳・道鏡政権など奈良時代後半の波瀾万丈な政治状況が作り出した要因が大きいとしても、第一には真備の学識が求められた点を評価したい。真備は薨伝において、

我が朝の学生にして名を唐国に播《ほどこ》す者は、唯《ただ》大臣（真備）と朝衡《ちょうこう》（阿倍仲麻呂のこと）

の二人のみ。

と、仲麻呂と並称される存在であり、仲麻呂の留学生活・資質などを推量する手がかりとして、真備の学修ぶりを参照してみたい。

真備の学芸

遣唐留学生としての真備は、二十年近い在唐生活を経て、実に多くの事柄を習得して帰国している（『続日本紀』天平七年四月辛亥条）。真備は、

唐礼《とうれい》一百卅巻、太衍暦経《たいえんれきけい》一巻・太衍暦立成《りつせい》十二巻、測影鉄尺《かげをはかるくろがねのしゃく》一枚、銅律管《どうりつかん》一部、鉄如方響写律管声《くろがねのほうきょうのごとくりつかんのこえをうつすもの》十二条、楽書要録《がくしょようろく》十巻、絃纏漆角弓《つるまきにうるしぬれるゆみ》一張・馬上飲水漆角弓《うまのうえにみずをのむうるしつのゆみ》一張・露面漆四節角弓《おもてあらわしよふしにうるしぬれるつのゆみ》一張、射甲箭《よろいをいるや》廿隻・平《ひら》射《い》箭《のや》十隻を献《たてまつ》る。

とあり、唐礼（最新の『大唐開元礼《だいとうかいげんれい》』百五十巻〈開元二十年完成〉ではなく、『顕慶礼《けんけいれい》』またはそれに『開元礼』の内容を書き込んだものか）、暦法《れきほう》、測量道具、音楽関係の呂律《りょりつ》や楽書、工芸品的な弓やさまざまな箭など幅広い分野の唐文化関連品を将来したことが知られる。

またやや伝奇的な内容ながら、

凡《およ》そ伝学する所は、三史五経、名刑算術、陰陽暦道、天文漏剋、漢音書道、秘術雑占、一十三道なり。

と記すものもあり（『扶桑略記』天平七年四月辛亥条）、真備が森羅万象に通暁していたことが強調されている。そのほか、確実なところでは、薨伝には築城技術（筑前国怡土城《いとじょう》を造営）や軍略など軍事分野での知識にも通じていたことや、孔子《こうし》を祀る釈奠《せきてん》の礼式を定めるといった儀礼の整備に大きく貢献したことなどが記されており、真備の学識の幅広さや実用性がうかがわれる。

留学の苦労

ここには長期滞在の留学生が果たすべき役割が体現されているが、真備が将来品を入手するには並々ならぬ労苦が必要であった。『日本国見在書目録《にほんこくげんざいしょもくろく》』（寛平《かんぴょう》三年〈八九一〉成立）正史家に記された『東観漢記《とうかんかんき》』百四十三巻の日本への到来については、次のような事情が知られる。

> 右、隋書《ずいしょ》の経籍志に載する所の数なり。而《しか》して件の漢記、吉備大臣の将来する所なり。其の目録の注に云く、「此の書、凡そ二本あり。一本は百廿七巻にして、集賢院見在《げんざい》の書と合う。一本は百四十一巻にして、見書《げんしょ》と合はず。又、零落の四巻を得たり。又、両本の目録と合はず。真備、唐国にありて多処を営求するも、竟《つい》に其の具本を得ず。故に且《しばら》く写《うつす》に随ひて得るところ件《くだん》の如し」と。今本朝に見在せるは百四十二巻なり。

後述の阿倍仲麻呂とは異なり、太学に入学できなかった真備は、集賢院の官蔵本を書写することは許されず、市井で諸本を入手するという手段を講じざるを得なかった。そこには真備の自由な活動の可能性とともに、辛苦の側面が看取されるところである。一方で、そうしたことが可能であったのは、禁書対象以外の書籍が市井で流通しており、皇帝や唐の官憲は遣唐使や留学生が持ち帰る一々の書物まで査問しなかったので、さまざまな方途によって書籍を蒐集する環境が整っていたおかげであるとも言える。

なお、上述の四門助教趙玄黙による儒学の教授は、太学に入学した仲麻呂は対象外であり、こうした活動形態をとらざるを得なかった真備らの要請に基づくものであったと考えられよう（杉本直治郎『阿倍仲麻呂伝研究〈手沢補訂本〉』）。ともかくもさまざまな機会を貪欲に利用して、勉学を深めたいというのが留学生の旺盛な行動力の根源であった。

井真成墓誌の出現

次に、二〇〇四年十月、中華人民共和国の西北大学歴史博物館所蔵の墓誌によりその存在が明らかになった井真成にも触れてみたい。井真成墓誌は蓋と身の石材からなり、蓋は一辺三七センチの正方形、厚さは七センチ、身は一辺三九・五センチの正方形、厚さは一〇センチで、中国の墓誌としては小型の部類に入る。その釈文と身の訓読文を示すと、次の通りである（東野治之「井真成の墓誌を読む」。訓読文では正字を適宜当用漢字に改めた）。

（蓋）贈尚衣
奉御井
府君墓
誌之銘

（身）贈尚衣奉御井公墓誌文　幷序

公姓井字真成國号日本才稱天縱故能
□〔銜カ〕命遠邦馳聘上國蹈礼楽襲衣冠束帯
□〔立カ〕朝難与儔矣豈圖強學不倦問道未終
□遇移舟隙逢奔駟以開元廿二年正月
□日乃終于官弟春秋卅六　　皇上
□傷追崇有典　詔贈尚衣奉御葬令官
□即以其年二月四日窆于萬年縣滻水
□〔東カ〕原禮也嗚呼素車暁引丹旐行哀嗟遠
□兮頽暮日指窮郊兮悲夜臺其辭曰
□〔寂カ〕乃天常哀茲遠方形既埋於異土魂庶

歸於故郷

（贈尚衣奉御井公の墓誌の文。序幷《あわ》せたり。公、姓は井、字は真成。国は日本と号し、才は天の縦《ゆる》せるに稱《かな》ふ。故に能《よ》く命を遠邦に銜《ふく》み、上国に馳せ聘《むか》へり。礼楽を蹈《ふ》みて衣冠《いかん》を襲ふ。束帯《そくたい》して朝《ちょう》に立たば、与《とも》に儔《たぐ》ふこと難《かた》し。豈図《あにはか》らんや、学に強《つと》めて倦《う》まず、道を問ふこと未《いま》だ終らざるに、□移舟に遇ひ、隙、奔駟《ほんし》に逢はんとは。開元廿二年正月□日を以て、乃ち官弟《かいだい》に終はる。春《しゅん》秋《じゅう》卅六。皇上、□傷みて、追崇するに典有り。詔して尚衣奉御《しょういほうぎょ》を贈り、葬は官をして□せしむ。即ち其の年二月四日を以て、万年県の滻水《さんすい》の東原に窆《ほうむ》る。礼なり。嗚呼、素車、暁に引き、丹旐《たんちょう》、哀を行ふ。遠□を嗟《なげ》きて暮日に頽《たお》れ、窮郊に指《おもむ》きて夜台を悲しむ。其の辞に曰く、寂《こえな》きは乃《すなわ》ち天常、哀しきは茲《こ》れ遠方なること。形は既に異土に埋もるとも、魂は故郷に帰らんことを庶《こいねが》ふと。）

墓誌の内容

井真成墓誌の身には罫線が一六行引かれているが、墓誌本文はうち一二行分を用い、一行一六字、全文一七一字で構成されている。こうした小型で文字数が少なく、空白部分が誌面の三分の一もあるのは、宮人や外国人墓誌に多くの事例があり、井真成墓誌は唐代の墓誌全体から見ると、けっして格の高い作りにはなっていないと言わねばならない（専修大学・西北大学共同プロジェクト編『遣唐使の見た中国と日本』）。

墓誌では日本を母国とする井真成なる人物の名前が記されている。「井」は中国風の氏姓呼称で、本姓は井上忌寸《いみき》または葛井連《ふじいのむらじ》（史料上の初見は井真成の渡唐以後となる『続日本紀』養老四年五月壬戌条で、白猪史《しらいのふひと》が改姓《かいせい》）と推定され、いずれにしても河内《かわち》国志紀《しき》郡（大阪府藤井寺市）を本拠地とする渡来系氏族である。

墓誌には彼が才能ある人材であったこと、そして君命を受けて遠国に赴き、上国である唐に到来したと記されているので、彼が遣唐使に随行して入唐したことはまちがいな

蓋

身

井真成墓誌の拓本（西北大学文博学院所蔵）

い。「礼楽を蹈《ふ》みて衣冠を襲ふ」は彼が中国的教養を身につけたことを示すが、次の「束帯して朝に立たば、与《とも》に儔《たぐ》ふこと難《かた》し」は「正装して朝廷に立ったなら、並ぶものはなかったに違いない」の意で、実際には彼は中国の官人にはなっていなかったことを推察させる。

中国の学界では、井真成を天平度遣唐使の官人で、入唐後すぐに死去したとする見解も呈されているが（韓昇「井真成墓誌の再検討」、馬一虹「遣唐使井真成の入唐時期と唐での身分について」）、「学に強《つと》めて倦《う》まず、道を問ふこと未《いま》だ終らざるに」は彼が飽きることなく勉学を続け、その研鑽の途中で死去したことを述べていると解せられるので、やはり留学生であったと考えるのがよいであろう。

「移舟」「奔駟」はその死が急であったことを物語る表現で、井真成は開元二十二年（天平六年）正月に三十六歳で「官弟（第＝邸）」（寄宿の場所のことか）において死去したとあるから、十八歳で霊亀度遣唐使の留学生に選定された優秀な人物で、吉備真備と同様に、勉学に専念する生活を続けていたと見ることができる。この年は天平度遣唐使が唐に到着したところであり、井真成は長期留学者としての滞在を終え、この遣唐使一行とともに帰国する予定で、故国でのさらなる活躍が嘱望されていたと思われる。しかし、それは唐での客死によって叶わなくなってしまった。

墓誌後半部分には、玄宗皇帝がその死を傷み、尚衣奉御《しょういほうぎょ》（殿中省尚衣局《でんちゅうしょうしょういきょく》の長官。従五品上）の官を遺贈し、唐側が葬儀を執行したとある。ここからは唐側の日本人に対する優待を読み取ることができ、後述の阿倍仲麻呂の登用事由などを考える参考になるかもしれないが、この点は外国人全般への対応との総合的比較が求められるところである。二月四日に万年県の滻水《さんすい》の東原、西安《せいあん》の東部を北流する滻水の東岸、郭家灘《かくかたん》のあたりに埋葬されたといい、墓誌は出土地不明であるが、この付近から出土したのであろう。

最後の部分は井真成自身の悲痛を代弁するもので、「素車」（柩《ひつぎ》を乗せた白木の車）、「丹旐《たんちょう》」（赤いのぼり）は葬送の行列を示し、暁に出発、人気のない町はずれの埋葬地に夕暮れに到着する状況を描写する。そして、死は天下の常道ではあるものの、故国から遠く離れた唐で死去したことを悲しみ、身体は異土に埋葬されても、魂は日本に戻ることを切望すると結ばれている。

以上の井真成墓誌は、没後一三〇〇年近くを経て出土したもので、こうした事由で留学の成果を生かすことができなかった事例があることを教えてくれる点で、貴重な史料となる。このような墓誌の存在は、史料には残らない日本人留学生の「発掘」の可能性、また阿倍仲麻呂の墓誌出土への期待もかきたててくれる。

玄昉の事績

霊亀度の留学者としてはもう一人、留学僧玄昉の存在も著名である（川崎晃「玄昉」）。玄昉は俗姓阿刀《あと》氏、義淵《ぎえん》に師事し、唐では智周《ちしゅう》に就いて法相宗《ほっそうしゅう》を学んだという（『続日本紀』天平十八年六月己亥条の伝、『三国仏法伝通縁起《さんごくぶっぽうでんずうえんぎ》』など）。遣唐留学僧には興福寺《こうふくじ》僧も散見し、奈良時代の政治を主導した藤原氏の氏寺《うじでら》である興福寺は法相宗の中心的寺院であったから、玄昉の留学にはこうした力学も作用したのかもしれない。

伝によると、玄昉は玄宗の崇敬を得て、紫袈裟《けさ》を賜与されたと見えるが、こうした話は中国に渡航した僧の一種の箔付けであり、真偽は不明としておきたい。帰朝後の玄昉は宮内の内道場《ないどうじょう》で天皇などの護持に従事しており、特に聖武天皇を出産してからずっと体調不良で、一度もわが子と相見したことがなかったという母の中宮《ちゅうぐう》藤原宮子《みやこ》を皇后宮で治癒したという出来事は重要で（『続日本紀』天平九年十二月丙寅条）、聖武天皇・光明皇后の篤い信頼を獲得することができたと思われる。この時、中宮亮《ちゅうぐうのすけ》下道真備も褒賞の叙位に与っており、あるいは留学仲間の真備による推挙で看病に起用されたという背景があるのかもしれない。

しかし、真備の薨伝に記されているように、天平十二年藤原広嗣《ひろつぐ》の乱では玄昉と真備が指弾対象になっており、乱平定後に天平十七年になって玄昉は観世音寺《かんぜおんじ》造営のために筑紫《つくし》に派遣され、次いで封物を収公されたとあるので（天平十七年十一月乙卯・庚午条）、左降されたことがわかる。玄昉は奈良時代後半に皇位を窺窬《きゆ》したとされる道鏡と並んで、僧侶と政治の関係が云々される事例であり、怪僧の一人に位置づけられることもある。

ただし、伝には入唐の成果として経論五千余巻と諸仏像の将来が挙げられ、唐で正規の経典の目録を整理した『開元釈教録《かいげんしやつきようろく》』（智昇撰、開元十八年完成）をもたらしたこと、五千余巻の経論が『開元釈教録』の五〇四八巻と同一の収集かどうかは疑問も呈されているが（山下有美「日本古代国家における一切経と対外意識」）、この経論は興福寺の唐院《とういん》に収蔵され、すでに開始されていた光明皇后の「五月一日経《ごがつついたちきよう》」と称される一大写経事業は、『開元釈教録』に基づく方針に組み直されて推進されたことなど、鎮護国家の仏教に寄与した功績は大きかった。

第三　唐での滞留生活

一　太学入学と登用

霊亀《れいき》度遣唐使《けんとうし》の留学生《るがくしょう》阿倍仲麻呂の唐での活動については、中国側史料の「楊文公談苑」の記載が注目される（『参天台五臺山記《さんてんだいごだいさんき》』巻五熙寧《きねい》五年〈一〇七二＝延久《えんきゅう》四〉十二月二十九日条、『善隣国宝記《ぜんりんこくほうき》』巻上・冷泉院永観《れいぜいいんえいかん》元年〈九八三〉条に所引）。

　開元中、朝衡《ちょうこう》なる者有りて、太学に隷《つ》きて挙に応じ、仕へて補闕《ほけつ》に至る。国に帰らんことを求む。検校秘書監《けんぎょうひしょかん》を授けて放ち還す。王維《おうい》及び当時の名輩、皆詩序有りて別を送る。後去《ゆ》くを果たさず。官を歴《へ》て、右常侍《うじょうじ》・安南都督《あんなんととく》に至る。

開元《かいげん》年間（七一三―七四一）に朝衡（阿倍仲麻呂）という者があり、太学《たいがく》に入学、科挙《かきょ》に応じて補闕の官を得た。（その後）帰国を求めたので、検校秘書監という官を授け、放還した。王維などその当時の著名な人びとが送別詩を贈った。しかし、帰国を果たすことができず、王

（唐に戻り）再び朝廷に仕え、右常侍・安南都督になった、とあり、唐での仲麻呂の動向を知る基本材料になる。

太学に入る

以下、この記載を検証しつつ、仲麻呂のくらしぶりを考えていきたい。まずは太学への入学である。唐の学校制度では国子監《こくしかん》に国子学・太学・四門学《しもんがく》があり、それぞれ主に三品以上、四・五品、六・七品と庶人《しょじん》の子を対象に教育を行っていた（『大唐六典《だいとうりくてん》』、『旧唐《くとう》書《じょ》』職官志《しょっかんし》など）。仲麻呂は留学生選定時には五位であった船守《ふなもり》の子であり、四・五品の子弟を対象とする太学に入学することができたと思われる。太学は博士一人、助教三人の下に、学生五〇〇人、典学《てんがく》四人、掌固《しょうこ》六人という構成であった。

仲麻呂が正規に太学に入学したという点については、後年に仲麻呂が勝宝度遣唐使に随伴して帰国を企図した時、送別の詩文で王維が「名は太学に成り」と述べており（『全《ぜん》唐詩《とうし》』巻百二十七「送秘書晁監還日本国幷序」）、儲光羲《ちょこうぎ》も「洛中貽朝校書衡朝即日本人也」（巻百三十八）のなかで「伯鸞《はくらん》、太学に遊ぶ」と、仲麻呂を後漢《ごかん》の清廉の賢者梁鴻《りょうこう》（字伯鸞）に比して称えているから、傍証を得ることができる。

なお、唐の学校には入学年齢制限があり、十四歳以上、十九歳以下の者が入学できたので（『新唐書《しんとうじょ》』選挙志）、霊亀《れいき》度の留学生のなかで、長安《ちょうあん》入城時点でこの規定内であったのは仲麻呂だけであった（時に十八歳／七十三歳死去説では年齢制限を超える）。真備の薨伝の「学生」は日本の留学生の意であり、真備は唐の学校に所属した形跡はなく、自由な立場であったので、天平《てんぴょう》度遣唐使に随伴して帰朝することができたのであろう。

仲麻呂以外に唐の学校に入学しようとした者がいなかったかと言えば、延暦《えんりゃく》度の留学生　橘逸勢《たちばなのはやなり》も「槐林《かいりん》に遊ぶ」（「槐林」は学校の意）とあるので（『性霊集《しょうりょうしゅう》』巻五「為橘学生与本国使啓」）、事例は皆無ではなかった。ただし、逸勢は「山川両郷の舌を隔て、未だ槐林に遊ぶ遑《いとま》あらず」と述べ、語学力の欠如を理由に留学を切り上げて、空海《くうかい》とともに早期に帰国している。

ちなみに、仲麻呂の傔人《けんじん》羽栗吉麻呂《はぐりのよしまろ》は唐の女性と結婚し、翼《つばさ》・翔《かける》の二人の男子を儲けている。翼は養老《ようろう》三年（七一九＝開元七）の誕生であり（後述）、仲麻呂が太学に入学したため、吉麻呂の用務が少なくなり、彼は彼なりに唐での滞留生活を満喫する日々になったのであろう。とすると、仲麻呂が太学に入学したおよその時期はこの前後であったことになる。

朝衡の名乗り

中国側の史料では仲麻呂は「朝臣《あそん》仲満」「朝衡」と記されている。『旧唐書』日本国伝では大宝《たいほう》度の執節《しっせつ》使《し》粟田《あわたの》真人のことを「朝臣真人」と記しており、これは粟田朝臣真人、つまりウヂ名＋カバネ（これを合わせて姓〈セイ〉と称する）＋名（ナ）からなる正規の名乗りのうち、「朝臣」を中国的な姓、「真人」を名前と理解（誤解）したことによる表記と考えられる。それゆえに阿倍朝臣仲麻呂も「朝臣」を姓と解し、「仲満」は霊亀度の副使藤原馬養《うまかい》が「宇合」、延暦度の大使藤原葛野麻呂《かどのまろ》が「賀能」と称したように、中国的な用字、かつ二文字での表記に改めたことに由来するのであろう。

「朝衡」は「朝」が中国風の姓、「衡」が名と解される。朝姓は中国にも類例が存するが、これはやはり「朝臣」に由来する所称と見るのがよいと思われる。「衡」には「はかり」「たいらか。偏っていない」の意があり、「平」に通じ、不偏を示し、不偏は「中」であるから、「中」と通じる仲麻呂の「仲」に由来するのではないかと考えられる。北斗七星の第五星を衡星といい、「衡軸」は衡星と車の心棒、ほかの動くものの中心にあるものを示し、転じて重要な地位・官職のたとえを意味する。「仲」は中国では字《あざな》に用いることが多いから、宰相の職を示す「阿衡之任」なども想起される好字として「衡」が選択されたのではないかと指摘されるゆえんである（杉本直治郎『阿倍仲麻呂伝研究〈手沢補訂本〉』）。

ほかの表記例

上掲王維の詩題に見える「秘書晁監」は秘書監の晁《ちょう》の意で、「晁補闕」「晁卿」「晁巨卿」など、上掲儲光羲の詩題の「朝校書衡」と同様、仲麻呂のことを表示するものである。「朝」と「晁」は同音・同意の異字《いじ》であるが、中国では朝姓よりも晁姓の方が多く、詩人らはこちらの方を用いたと推測されるという。

そのほか、「朝衡」「胡衡」「周衡」「韓衡」などはいずれも朝衡の誤写と目される事例で、文脈やその当時の仲麻呂の官職から考えて、仲麻呂の活動を示す史料として採択することができる。

以上を要するに、阿倍仲麻呂は唐では朝衡と名乗ったのであり、この名乗りは上載の真備の薨伝《こうでん》など日本側史料にも伝えられている（『唐大和上東征伝《とうだいわじょうとうせいでん》』、『鑑真和上三異事《がんじんわじょうさんいじ》』〈豊安《ぶあん》撰、天長《てんちょう》八年（八三一）成立〉など）。真備については三文字の「真吉備《まきび》」という表記も知られ、あるいは入唐を機に二文字の「真備」表記に改めたのかもしれないが、完全に中国風の姓名に変更することはなかった。そうすると、仲麻呂の場合は、太学に入学したこともあり、唐の社会に溶け込むために、この頃に中国風の姓名、朝衡を使用するようになったのではないかと思われる。なお、井真成《せいしんせい》の改名時期・理由は保留しておきたい。

「楊文公談苑」には仲麻呂が中国の官吏登用試験である科挙を経て唐の官人になったことが記されており、中国人でもなかなか合格することが困難なのに、それに見事に合格した仲麻呂の秀逸さ、ひいては日本人の優秀さを喧伝するものとして長らく強調されてきたところである。

科挙合格への疑問

しかし、近年では異見も有力になっていると思われる。「楊文公談苑」は宋《そう》代の文人楊億《ようおく》（九七四―一〇二〇）の文集であり、科挙による登用が常識になっていた宋代の知見をふまえた記述であって、仲麻呂が科挙に応じたかどうかは疑問であることが指摘されている（川本芳昭「崔知致と阿倍仲麻呂」、榎本淳一「阿倍仲麻呂」）。

『旧唐書』新羅《しらぎ》伝には、開成《かいせい》五年（八四〇）四月に、

鴻《こう》臚《ろ》寺《じ》、新羅国、哀を告げ、質子《ちし》及び年満ち帰るべき学生等共に一百五人を並《なら》びに放還す。

とあり、日本の遣唐使派遣と同期間に一八〇回以上もの遣使を行っていた新羅は（濱田耕策「新羅の遣唐使」）、多くの留学生を入唐させていた。その新羅でさえも、科挙合格者の出現は九世紀になって賓貢科《ひんこうか》という外国人向けの別科が設けられたことによるものと考えられており、外国人が唐の俊才に互して科挙に合格するのは至難の出来事であったと思われる。

それゆえに仲麻呂の超人性を見出すことができるとする見解もあろうが、そもそも入

唐以前の仲麻呂はどのような勉学を積んでいたのであろうか。学令大学生《がくりょうだいがくしょう》条によると、日本の大学は五位以上の子・孫、東西史部《やまとかわちのふみひとべ》の子、八位以上の子の情願者で、十三十六歳の聡令な者に入学を許していた。仲麻呂は日本で大学に入っていたとする見解も呈されている（上野誠『遣唐使阿倍仲麻呂の夢』）。しかし、三位以上の子・孫と五位以上の子には出身に際して一定の位階《いかい》を与える蔭位《おんい》の制があったから（選叙令《せんじょりょう》五位以上条）、渡来系で伝統的に文筆面を担ってきた東西史部、東漢氏《やまとのあやうじ》や西文氏《かわちのふみうじ》などを除くと、奈良時代には大学での研鑽を経て出仕する事例はほとんどなかった（桃裕行『上代学制の研究』）。したがって中央有力氏族阿倍氏《あべ》の一員である仲麻呂も、日本の大学には行っていなかったと解するのがよいであろう。

とすると、上述のような優秀な資質は想定するとしても、なおのこと唐の太学でどれだけ長足の学識扶植がかなったかは、冷徹に評価せねばなるまい。第一の冒頭に掲げた『古今和歌集目録《こきんわかしゅうもくろく》』の略伝には、仲麻呂は開元十九年（＝天平三）に京兆尹《けいちょういん》の崔日知《さいにっち》の推挙により褒賞され、左補闕《さほけつ》になったとあり、これが唐での官歴の始まりとされており、仲麻呂は必ずしも科挙により立身したのではないと見る方がよいという立場を支持したいと考える。

崔日知とは

では、崔日知とはどのような人物であろうか。崔日知は『旧唐書』巻九十九・『新唐書』巻百二十一に伝があり、霊昌《れいしょう》（現在の河南《かなん》省滑県西南）の出身、字は子駿といい、明《みょう》経《ぎょう》に優れ、能吏と称された人で、洛州司馬《らくしゅうしば》を経て京兆尹（相当品は従三品）になっている。その後、贓《ぞう》に坐して左遷されたが、召喚されて殿中監《でんちゅうかん》（従三品）、次いで太常卿《たいじょうきょう》（正三品）になり、開元十六年に潞州大都督府長史《ろしゅうだいととくふちょうし》、老年により致仕《ちし》し、卒去した。

日知の兄日新《にっしん》の墓誌「唐故司農寺崔君（日新）墓誌并序」（『全唐文補遺《ぜんとうぶんほい》』第五冊二五頁）があり（この墓誌の存在は東洋大学大学院博士後期課程〈東洋史〉小林栄輝氏からご教示を得た）、そこには「弱冠明経高第」と見えるので、日知と同様の出身ルートをとっているようで（景龍《けいりゅう》二年〈七〇八〉七月五日に四十七歳で死去）、日知の経歴を裏づける材料となる。

従弟日用

日知の従弟日用《にちよう》にも伝があり、と言うよりも、日知の伝はこの日用の伝に附属する形である。日用は進士《しんし》から出身し、中宗《ちゅうそう》（在位六八三―七一〇。ただし、六八四―七〇四年は則天武后《そくてんぶこう》の簒奪期間）崩御《ほうぎょ》後、武韋《ぶい》の禍《か》と並称される韋后《いこう》の専制を退けて李隆基《りりゅうき》（玄宗《げんそう》）を皇太子とし、さらに睿宗《えいそう》（在位七一〇―七一二）治世中の太平公主《たいへいこうしゅ》の権勢を退けて、玄宗即位に逢着するのに功績があったと記されている。日用の子宗之《そうし》は好学で、李白《りはく》・杜甫《とほ》とも相知の間柄であったという。日用は開元七年に汝州刺史《じょしゅうしし》で、封一〇〇戸を加増され、同十年、并州《へいしゅう》大都督長史に転任、次いで五十歳で死去し、吏部《りぶ》尚書《しょうしょ》を贈官されている。

日知による推挙

日知が死去した年次は不明であるが、『資治通鑑《しじつがん》』巻二百十一では日知の左遷を開元三年としているので、開元十九年には京兆尹ではなかった。しかし、ここは「京兆尹であったことのある崔日知」が何らかの事情・理由・手続きで仲麻呂を推挙したという意であると解せば、説明可能であるという理解を支持しておきたい（杉本直治郎『阿倍仲麻呂伝研究〈手沢補訂本〉』）。日知が仲麻呂を推挙した時に、日用は玄宗の側近にはいなかったと思われるが、日知の推薦が一定の効力を発揮したのは、日用の人脈があったことも考慮しておくべきであり、仲麻呂登用の背景として、玄宗即位に至る人間交流図が複雑に作用したことに留意したい。

二　出仕の背景と官歴

弁正の「留学」

そこで、再びであるが、入唐したばかりの仲麻呂がこうした玄宗に至る人脈につながることができたのはなぜであろうか。そこには二人の日本人の存在が重要であると思われ、その二人の動向を見ておきたい。

まず一人目は大宝度の留学僧弁正《るがくそうべんしょう》である。『懐風藻《かいふうそう》』（天平勝宝《てんぴょうしょうほう》三年〈七五一〉成立の漢詩集）釈弁正条の伝によると、弁正は俗姓秦《はた》氏、道慈《どうじ》とともに知られる大宝度の数少ない留学者であり、同様に学識の研鑽、帰国後の日本での活躍が期待されていたはずである。ところが、弁正は唐で妻帯し、朝慶《ちょうけい》・朝元《ちょうげん》の二人の息子を儲けている。留学脱落者、かつ破戒僧《はかいそう》であり、その行為は大いに非難されるべきものと言えよう。『懐風藻』には二首の漢詩が掲載されており、その二首目には次のようにある。

　　五言。唐に在《あ》りて本郷を憶《おも》ふ。一絶。

日辺日本を瞻《み》、雲裏雲端を望む。遠遊遠国に労《いたづ》き、長恨長安に苦しむ。

大意は、「日の出るほとりに本国である日本を見、遠く雲のなかに雲のはしを望み見る。遠く遊学して遠国で辛苦し、長く忘れられないうらみを抱いて唐の長安で苦しんでいる」という内容で、「長恨長安に苦しむ」と言われても、自業自得と評さざるを得ない。

玄宗との関係

ただし、弁正は「性滑稽《こっけい》にして、談論に善《よ》し」という外向的な性格で、囲碁も得意であり、即位前の李隆基、すなわち玄宗と親しく交わったという。玄宗は八世紀の唐の皇帝のなかで在位期間が最長で、日本との関係も霊亀度・天平度・勝宝度と、三度の遣唐使を嘉納している。『懐風藻』の一首目の漢詩には、次のようにある。

五言。朝主人に与ふ。一首。

鍾鼓《しょうこ》城闉《じょういん》に沸《わ》き、戎蕃《じゅうばん》国親に預る。神明今《いまし》の漢主、柔遠胡塵を静む。琴歌馬上の怨《うらみ》、楊柳曲中の春。唯《ただ》有り関山《かんざん》の月、偏《ひとへ》に迎ふ北塞の人。

大意は、「参内の時を知らせる鍾や鼓が城内に沸き起こり、えびすの国のひとびとが参内して中国と国としての親交を受ける。今の漢の君主（唐の玄宗皇帝のこと）こそは神のように明らかな徳があって、遠方のえびすを柔らげ、手なずけて北方の騒ぎを鎮めた。かつて漢の時、王昭君《おうしょうくん》がえびすに嫁す際に、馬の上で琴歌を歌って別れの怨みを述べたことがあり、また春のないえびすの地には笛の曲があって、その曲のなかだけに春がある。ただ関山の月だけがかかり、ひたすら北方の辺《ひな》びたとりでに行く人を迎えるばかりである」という内容で、玄宗治下の国際交流の一端を賛美するもので、弁正は玄宗即位後もその交わりを保っていたことがうかがわれる。

弁正の後裔

弁正の次男秦忌寸《はたのいみき》朝元は霊亀度遣唐使に随伴して帰国し、次の天平度には遣唐判官《ほうがん》として唐に赴いており、その際に玄宗は弁正との関係から朝元を特に賞賜したという逸話が知られる（『懐風藻』）。弁正は留学僧の役割を完遂できなかったが、こうした皇帝との人脈づくりは日唐通交を支える要素として、その功績はむしろ大きかったと評価される。この点は阿倍仲麻呂が玄宗に仕える前提条件として、玄宗の日本人に対する関心を醸成する要因であったと考えられる。

なお、秦忌寸朝元はネイティブ・スピーカーとして日本で漢語（中国語）教育にも活躍している（『続日本紀《しょくにほんぎ》』天平二年三月辛亥条）。朝元の女《むすめ》は藤原清成《きよなり》の妻になり、種継《たねつぐ》を生み、種継は桓武《かんむ》天皇に寵愛され、延暦三年（七八四）に平城京《へいじょうきょう》から長岡京《ながおかきょう》への遷都《せんと》を推進し、翌年九月に造都の途中で暗殺された人物として知られる。長岡京、また平安京《へいあんきょう》遷都（延暦十三年）では山城《やましろ》国の秦氏の協力が大きかったことも重要であり、そこには種継の外戚《がいせき》としての秦氏、その所縁を築いた朝元の存在が注目されてくる。さらに言えば、その種因は弁正にあり、日唐《にっとう》関係を含めて、彼は歴史を大きく展開させる隠れたキーパーソンであったと位置づけることができる（高木博『万葉集の遣唐使船』、森公章「遣唐留学者の役割」）。

坂合部大分の在唐生活

もう一人が同じく大宝度遣唐使の大使坂合部宿禰大分《さかいべのすくねおおきた》である。上述のように、大分は大宝度では帰朝することができず、唐での滞留生活を余儀なくされ、霊亀度遣唐使に随伴して帰国することができた。彼の在唐生活、玄宗に対する日本人の存在感惹起をうかがわせる材料として、少し長いが、『朝野僉載《ちょうやけんさい》』巻四の興味深い逸話を紹介してみたい。

唐兵部《へいぶ》尚書《しょうしょ》姚元崇《ようげんすう》、長大にして行急なり。魏光乗《ぎこうじょう》目して蛇を趕《お》ふ鸛鵲《かささぎ》と為《な》す。黄《こう》門侍郎《もんじろう》盧懐慎《ろかいしん》、地を視《み》るを好めり。目して鼠を覰《うかが》ふ猫児と為す。殿中監姜皎《きょうこう》、肥えて黒し。目して榿《さわら》に飽きたる母猪と為す。紫微舎人《しびしゃじん》倪若水《げいじゃくすい》、黒くして鬢《びん》無し。目して酔部落精と為す。舎人斉処中《さいしょちゅう》、目を眇《すがめ》て視るを好めり。目して暗き燭底にて虱《しらみ》を覓《ま》く老母と為す。舎人呂延嗣《ろえんし》、長大にして髪少なし。目して日本国使人と為す。又舎人鄭勉《ていべん》有り、酔高麗と為す。拾遺《しゅうい》蔡孚《さいふ》を小州博士にして薬性を詐暗《さあん》せりと目す。又殿中侍御史《じぎょし》有り、短にして醜黒なり。目して烟《けむり》に薫る地朮《おけら》と為す。御史張孝嵩《ちょうこうこう》を目して、小村の方相《ほうそう》と為す。舎人楊伸嗣《ようしんし》を目して、熟鏊《じゅくごう》の上の猢猻《こそん》と為す。補闕袁輝《えんき》を目して、王門下の弾琴博士と為す。員外郎《いんがいろう》魏恬《ぎかつ》を目して、祈雨《きう》の婆《ば》羅門《らもん》と為す。李全交《りぜんこう》を目して、品官給使と為す。黄門侍郎李広《りこう》を目して、水に飽きたる蝦蟇《がま》と為す。是《こ》れに由《よ》りて此《こ》れ朝士を品題するに坐して、左拾遺《さしゅうい》より新州新興県尉《けんい》に貶《おと》す。

これは唐の朝廷の高官に次々と綽名《あだな》をつけて左遷された左拾遺の魏光乗の話である。兵部尚書の姚元崇は、身長が高く行動がせかせかしていたので、蛇を追いかける鸛鵲と名づけた。黄門侍郎の盧懐慎は、地面を見つめるのが好きだったので、鼠をうかがう猫と呼んだ。殿中監の姜皎は、肥満で色が黒かったので、椹（桑の実）を食べ過ぎた母猪（牝豚）と名づけた。紫微舎人の倪若水は、色黒で鬚がなかったので、「醉部落精」と名づけた。舎人の斉処中は、目を眇めて注視するが好きだったので、暗い燭の下で虱を探す老母（婆さん）と呼んだ。舎人の呂延嗣は、身長が高くて髪が少なかったので、これを「日本国使人」とした。

さらに舎人の鄭勉を批評して「醉高麗」（酔っ払いの高句麗《こうくり》人）と称し、拾遺の蔡孚は、小さな州の医学博士で、薬の性質の知識がでたらめだと言った。また殿中侍御史（王旭《おうきょく》）は、短躯で色黒、ぶおとこだったので、烟にいぶされた地朮（おけら）と言い、御史の張孝崇を小さな村の方相（追儺《ついな》で方相の面をかぶる役）と批評し、舎人の楊伸嗣を熱い鏊（鍋）の上の猢猻（猿）と名づけた。補闕の袁輝を王門のもとで琴を弾く博士と言い、員外郎の魏恬を雨乞いの婆羅門、李全交を「品官給使」（官員の下働き）、黄門侍郎の李広を水をたらふく飲んだ蝦蟇と呼んだ、という具合で、なかなかに辛辣である。

呂延嗣は「呂延祚《ろえんそ》」が正しく、開元二―三年頃に舎人・寺卿・侍郎を歴任した人物で、綽名をつけられたほかの人物もおおむねこの頃の人びとであると目される（池田温「日本国使人とあだ名された呂延祚」）。彼が「日本国使人」と綽名されたのは、魏光乗が日本の遣唐使人の容貌を知っていたことを示す。すなわち、この間、唐にいた俗人の日本人は坂合部大分しかおらず、彼は出発時に右兵衛率《うひょうえのかみ》の官職を帯びており、唐でも衛尉《えいい》少卿の官賞を得ている。大分は武官の帯官通り、頑丈な体格をしており、「長大少髪」が彼の風貌を反映したもので、これは日本の遣唐使関係者で容貌がわかる唯一の事例である。

大分の唐での存在感が知られるのはこの逸話だけであるが、魏光乗が綽名をつけた人びとは計一五名に上り、彼らは直接政務に携わる高官ではなかったものの、御史・拾遺・補闕などの清官《せいかん》を帯し、栄達を約束された貴族官人であった。いわば皇帝を囲むグループであり、大分は彼らにもよく知られた存在、つまり大分もこうしたグループに属していたか、周辺にいたことうかがわせ、仲麻呂と玄宗を結びつける人脈の一人として注目されるとともに、仲麻呂の唐での官歴のゆえんを考えるうえで参考になる。

仲麻呂の官途

仲麻呂の唐での官歴としては、『古今和歌集目録』の略伝、両唐書《とうじょ》の記載や後述の文人たちの詩文に見える官名などを史料として、その比定年次や各官職の相当品などを考慮したうえで、次のように推定されており（杉本直治郎『阿倍仲麻呂伝研究〈手沢補訂本〉』）、ここで一覧しておきたい。

開元九—十五年中…東宮司経局校書（『全唐詩』巻百三十八・儲光羲の詩）

開元十五－十九年中…（左）拾遺（『姓解《せいかい》』巻三）
開元十九年…左補闕（『旧唐書』、『新唐書』、『唐会要《とうかいよう》』、楊文公談苑、略伝）
開元二十二年－天宝《てんぽう》十載（七五一）中…儀王友《ぎおうゆう》（『旧唐書』、『新唐書』）
天宝十一－十二載頃…衛尉少卿（『通典《つてん》』巻百八十五）
天宝十二載…秘書監《ひしょかん》（楊文公談苑、『文苑英華《ぶんえんえいが》』巻二百六十八・王維の詩）
天宝十二載…衛尉卿（『唐大和上東征伝』、『延暦僧録《えんりゃくそうろく》』）
上元《じょうげん》年中（七六〇－七六二）…左散騎常侍《ささんきじょうじ》（『旧唐書』、『新唐書』、『唐会要』、『冊府元亀《さっぷげんき》』巻九百七十七、楊文公談苑）
上元年中…鎮南都護《ちんなんとご》（『旧唐書』、『新唐書』、『唐会要』）
永泰《えいたい》二年（七六六）五月…安南《あんなん》都護（『冊府元亀』巻百七十・九百七十七、『安南志略』、楊文公談苑）
大暦《だいれき》二年（七六七）七月以降…長安に戻る（『旧唐書』）
大暦五年…贈潞州大都督（略伝）

以上のほかに、日本側史料として、承和《じょうわ》度遣唐使派遣の際に唐で客死した人びとに贈位《ぞうい》を実施した記事には、

故留学問・贈従二品安倍朝臣仲満、大唐光禄大夫《こうろくたいふ》・右散騎常侍兼御史《ぎょし》中丞《ちゅうじょう》・北海

郡開国公・贈潞州大都督朝衡

と見えるので（『続日本後紀《しょくにほんこうき》』承和三年〈八三六〉五月戊申条）、仲麻呂の生前の極官としては、光禄大夫、右散騎常侍、御史中丞などの官職を帯びていたと解される。光禄大夫は従二品相当の文散官《さんかん》、右散騎常侍は従三品、中書省《ちゅうしょしょう》の属官《ぞっかん》で、常に皇帝に近侍し、諫言・顧問を行うもので、御史中丞は正五品上、刑憲・政令《せいれい》を掌り、朝列を粛正する御史台《ぎょしだい》の副長官である。北海郡開国公は封爵《ほうしゃく》（功業大なる者に与えられる栄典）で、略伝にも記されている。ちなみに、この時に日本の朝廷は仲麻呂に正二品を贈っている。

日本側の史料のみに見えるこれらの官職に関しては、第一で見た略伝の成立過程から、ほかの遣唐使、特に藤原河清《かせい》（清河《きよかわ》）の官職との混同があるという指摘もある（杉本直治郎『阿倍仲麻呂伝研究〈手沢補訂本〉』）。しかし、『続日本後紀』に併記されたほかの人びとの位階・官職には誤りはないようであり、略伝が依拠した『日本後紀《にほんこうき》』延暦二十二年条の原典の段階では日本に伝えられていなかった情報が、延暦度または承和度の遣唐使によって日本にもたらされ、仲麻呂が唐の高位高官を得たことを喧伝する意味合いで国史に掲載されたのではないかという見解も呈されており（浜田久美子「阿倍仲麻呂 仲麻呂伝の成立過程」）、国史の信憑性を評価して、この理解を支持しておきたい。

官歴を探る

仲麻呂が二十一―二十七歳の頃、最初に就いた東宮司経局校書《しけいきょくこうしょ》は、正九品下相当、「校書」は書物の誤りを校正する職務で、古典への通暁が求められた。したがって仲麻呂には、相応の能力があったものと思われる。「東宮」は皇太子で、これは玄宗の太子瑛《えい》である。次いで二十七―三十一歳の頃、拾遺に任じられた。左・右どちらかには両論があるが、ともに従八品上、左拾遺は門下省《もんかしょう》の属官、右拾遺は中書省の属官で、どちらも皇帝側近として、諫言などを任務としている。

略伝には開元十九年、三十一歳での左補闕起用から官歴が記されているが、それ以前に当初から玄宗の近辺に登用されたのが大きな特色である。左補闕は従七品上、門下省の属官で、皇帝に近侍し、「過」（あやまち）・「闕」（足らざるところ）を補正する役務である。ここで天平度遣唐使が到来、仲麻呂の帰国希望云々が問題になるが、これは後述することにし、先に官歴のあり方を整理しておきたい。

三十四―五十一歳には儀王友になっている。儀王友は従五品下、「友」は親王府《しんのう》の属官で、玄宗第十二子儀王の遊び相手となり、また道義を糺《ただ》し諫める役職である。次いで、五十二、三歳頃には衛尉少卿になった。衛尉少卿は坂合部大分の官賞にも見える官職であるが、従四品上相当、武庫・武器・守宮の三署を統括する軍事関係の役所である衛尉寺の副長官である。

天宝十二載、五十三歳の時、従三品で宮廷の蔵書を管理・補正するとともに、文章を作成する著作局を監理した秘書省の長官である秘書監になり、ここで勝宝度遣唐使が到来、仲麻呂は衛尉寺の長官である衛尉卿（従三品）になっている。その後、日本への帰国を企図するが、漂蕩して唐に戻り、さらに安史《あんし》の乱（七五五―七六三年）の勃発と玄宗の退位（七五六年）・死去（七六二年）といった激動の時期を迎える。

晩年の官歴

六十―六十一歳の頃、粛宗《しゆくそう》により左散騎常侍に任じられた。左散騎常侍は従三品、門下省の属官で、常に皇帝に近侍し、諫言・顧問を行うもので、粛宗のもとでも仲麻呂が優待されていたことがわかる。同じ頃、正三品相当で、現在のベトナム地域にあたる鎮南（安南）の異民族の撫民や国境警備などを行う鎮南都護府の長官である鎮南都護に任じられた。そして、永泰二年（七六六）、六十六歳の時、代宗《だいそう》（在位七六二―七七九）により安南都護に任じられる。正三品で安南の軍事・民政・財政を担当するのが役務である。

大暦二年（七六七）、六十七歳で長安に戻り、七十歳で死去、潞州大都督を贈られている。これは死後の贈官《ぞうかん》で、従二品相当、潞州は現在の中国山西省内に位置し、都督は要地の数州の軍事を統括する都督府の長官である。

仲麻呂がベトナム地域に赴任したか否かについては後述したいが、その点を除くと、仲麻呂の処世の特色としては、国政の実権に密接に関わる職務には就いておらず、玄宗の近辺に仕える供奉官である拾遺・補闕・散騎常侍や儀王友に任命されている点が注目される。ここには玄宗の信任が大きかったことが看取され、仲麻呂が留学生から唐朝の大官に昇りつめることができたのは、ひとえに玄宗との密接な関係があったためと考えられる。

玄宗の周辺には安禄山《あんろくざん》のような西域《さいいき》出身の人びともおり、玄宗には異国趣味があったようである。玄宗はまた、新来の密教《みっきょう》にも傾倒しており、後に延暦度遣唐使の留学僧空海が日本に本格的な密教を導入する種因は、この玄宗期にあった（藤善眞澄『隋唐時代の仏教と社会』）。したがって仲麻呂の登用も、このような文脈の一つとして位置づけることができよう。

三　くらしぶり

文人諸士との交流

仲麻呂は唐の太学に入学したこともあり、在学中から後に官吏として活躍する人びとと交流があったことであろう。それゆえに、仲麻呂の関係史料としては唐代の著名な文人の詩文が挙げられる。彼らは仲麻呂のことを帯官を付して呼ぶことが多く、上掲の官歴を手がかりに、交遊の時期をふまえながら、仲麻呂の唐でのくらしぶりを探る一端としたい。

まずは太学入学のところで触れた儲光羲の「洛中貽朝校書衡朝即日本人也」である（『全唐詩』巻百三十八）。これは仲麻呂を「校書」、すなわち東宮司経局校書と記すので、おおよその時期が知られ、二十代での交流の様子を教えてくれる。

万国朝天中、東隅道最長、朝生美無度、高駕仕春坊、出入蓬山裏、逍遥伊水傍、伯鸞遊太学、中夜一相望、落日懸高殿、秋風入洞房、屢言相去遠、不覚生朝光

（万国天中に朝し、東隅の道最も長し。朝生美なること度《のり》なく、高駕して春坊に仕へ、蓬山の裏《うち》に出入し、伊水の傍に逍遥す。伯鸞太学に遊び、中夜一たび相望み、落日は高殿に懸かりて、秋風は洞房に入る。屢々言ふ、相去ること遠く、覚へずして朝光を生ぜりと。）

儲光羲（七〇七―七六〇？）は山東《さんとう》省兗州《こんしゅう》の出身、開元十四年に進士となった。田園詩に長じていたとされる。後に安史の乱の時に賊軍に官を授けられたとして、乱後に嶺南に流され、その地で死去している。第三句の「朝生」は学生または書生の朝衡＝阿倍仲麻呂を

王維、李白とも知己

指し、彼が「春坊」、すなわち東宮司経局校書として東宮に仕えていた状況をうかがわせる。「美無度」は仲麻呂の容貌を描写したものとすると、仲麻呂は美男子であったことになるが、詩文上の形容かもしれず、真相は不明としておきたい。

そのほか、仲麻呂が勝宝度遣唐使に随伴して帰国を企図した際には、上述の王維のほかに、劉長卿《りゅうちょうけい》（『全唐詩』巻百五十）・包佶《ほうきつ》（巻二百五）の送別詩がある。また漂蕩して一時は死亡説もあったようで、李白が仲麻呂の死去を悲嘆する詩文を作っているから（巻百八十四）、李白とも交遊があったことがわかる。

これらの詩文は後述したいが、李白との関係については、「送王屋山人魏万還王屋」（巻百七十五）に、「身に日本の裘を着け、昂蔵として風塵より出づ」とあり、自注に「裘《きゅう》は則ち朝卿贈る所の日本の布、これなり」と記されているので、仲麻呂が李白の友人の魏万《ぎまん》に贈答品を渡すような親密さをうかがうこともできる。この魏万との交わりを通して、李白とも知己になることができたのかもしれない。

こうした当代一流の文人との交わりは、太学での学友であったり、仲麻呂の文才が評価されたりという要因が大きいと考えられ、仲麻呂も彼らと交流するのに相応しい学芸の力を有していたことを示すものと言えよう。

なお、仲麻呂が唐で妻帯したか、独身を通したかに関しては、未解決の点がある。ただ、上述の太学入学のところで触れた儲光羲の詩文には、「秋風入洞房」（「秋風は洞房に入る」）の句があり、「洞房」は女性の部屋、新婚の部屋の意であるから、仲麻呂が校書であった二十代の頃に結婚生活に入ったと考えることができるという指摘がなされている（王勇『唐から見た遣唐使』、同「唐女を妻に迎えた留学生（阿倍仲麻呂）」）。

また王維の送別詩序には、「必斉之姜、不帰娶于高国」の句が見え、これは難読であるが、「必ず斉《せい》の姜《きょう》にして、帰って高と国《こく》において娶らず」と訓んで、斉姜は春秋時代の斉の桓公《かんこう》の女《むすめ》、晋《しん》の献公《けんこう》の夫人となった人物であり、美しく賢い高貴な女性のシンボル、「高国」は桓公の家老《かろう》の高子《こうし》と国子《こくし》のことで、豪族出身の女性を示す語であるという。したがって斉姜は唐の女性、高と国は日本の女性を譬えており、王維は仲麻呂が帰国して日本の女性を娶らず、あえて唐に留まって唐の女性を妻としたことを称揚したと解釈できるとも指摘されている。

以上の理解によると、仲麻呂は一回以上は唐で結婚していたことになる。斉姜に譬えられている高貴な出自の女性が後年に出世した段階で別に迎えた妻であるとすると、二回の結婚となる。王維の詩序は、

必斉之姜、不帰娶于高国、在楚猶晋、亦何独于由余《ゆうよ》

という連句《れんく》になっており、由余はやはり春秋時代の晋の人、戎《じゆう》（山東省曹県の東南に所在）に亡命し、戎王《じゆうおう》から秦に使者として派遣された。秦の穆公《ぼくこう》は由余を賢者と見込んで宰相にし、後に戎討伐の策を謀って西戎の覇王とさせたという故事が知られている。

とすると、ここは、

必ず斉の姜にして、帰って高と国において娶らざるも、楚に在りて猶ほ晋のごときは、また何ぞ独り由余のみならんや

とでも訓み、王維は仲麻呂が日本への帰国の願望をずっと秘めていたことを悉知していたものと読み解けば、必ずしも唐の女性を妻としたことを手放しで称賛したのではないと言わねばならない。

ちなみに、唐・衛禁律越度縁辺関塞条疏義所引《えごんりつおつと》の「別格」（『唐会要』巻百　貞観《じょうがん》二年〈六二八〉六月十六日勅《ちょく》か）や主客式に依拠した注釈には、

諸《すべ》て蕃人の娶る所、漢の婦女を得て妻妾と為《な》すも、並びに将《ひき》ゐて蕃内に還ることを得ず。

如《も》し是《こ》れ蕃人入朝し住むことを聴《ゆる》されしの者は妻妾を娶ることを得。若し将ゐて蕃

内に還らば、違勅を以てこれに科《おお》す。

とあり、外国人が唐女と結婚することは許されているが、帰国時には連れて帰ることができない規定になっていたことが知られる。

とすると、仲麻呂は帰国を試みた時、妻はどうするつもりであったのだろうか。次に触れる天平度遣唐使到来時には、仲麻呂も若く、妻も生存していたと思われる。勝宝度にはもう妻は死去していたのであろうか。これらの点を含めて、仲麻呂の結婚問題、そのくらしぶりはなお探究すべき課題としておきたい。

帰国を申請

『古今和歌集目録』の略伝によると、仲麻呂は天平度遣唐使が到来した時、当初の留学計画に即して帰国願いを提出したようである。時に開元二十一年（＝天平五）、在唐十七年に及び、日本で待つ両親も老いていることなどを述べたものと思われる。仲麻呂の唐での知友たちの間には、仲麻呂が帰国するという風聞があったらしく、趙驊《ちようか》「送晁補闕帰日本国」（『全唐詩』巻百二十九）は、仲麻呂の帯官からこの時のものと目される。

西掖承休澣、東隅返故林、来称剡子学、帰是越人吟、馬上秋郊遠、舟中曙海陰、知君懐魏闕、万里独揺心

（西掖休澣《きゆうかん》を承け、東隅故林に返る。来るときは剡子《えんし》の学を称し、帰るときは是れ越人《えつじん》の吟。馬上秋郊遠

なり、舟中曙海陰ならん。知る、君、魏闕《ぎけつ》を懐《おも》ひ、万里独《ただ》に心を揺らさんことを。）

「魏闕」は朝廷のことで、仲麻呂が唐の朝廷を懐い、なお在唐すべきか否か、揺れ動く気持ちがありながら、帰国を決意したことを慮るものである。しかし、玄宗の許可は下りず、今回の帰国はかなわなかった。ここには唐の官人になり、世界が広がった利点もあるが、皇帝に仕えたために自由にはならない立場の桎梏《しっこく》を感じざるを得ないところである。

略伝では、仲麻呂は、

慕義名空在、愉忠孝不全、報恩無有日、帰国定何年

（義を慕ひて名空《むな》しく在り、忠を愉《たのし》むも孝全《まった》からず。報恩日有る無し、帰国定めて何年ならん。）

と詠じたといい、忠と孝の狭間で揺れ動く心情を吐露している。

羽栗吉麻呂の帰国

ちなみに、仲麻呂が唐に残らざるを得なかったため、状況説明などの役割も含めてか、仲麻呂の傔人羽栗吉麻呂は二人の子息とともに、天平度遣唐使に随伴して帰朝を果たすことになる。二人の息子の名前は翼と翔で、「翼」「翔」は翼があれば飛翔して日本に帰りたいという吉麻呂の望郷の念を込めた命名と推察される。仲麻呂としては、当初の留学計画では今回帰国する予定であり、吉麻呂も同様の心づもりでいたはずで、自分は唐

の官吏として滞留するにしても、吉麻呂にも唐での生活を強いるのはいかがなものかと考えた結果であろう。これは主人として一つの責任の取り方であり、吉麻呂とは今生の別れとなった。

なお、石山寺《いしやまでら》蔵『遺教経《ゆいきょうぎょう》』奥書《おくがき》には次のような記載がある。

唐清信弟子陳延昌荘厳此大乗経典附日本使国子監大学朋古満於彼流伝
　　開元廿二年二月八日従京発記

「朋古満」は勝宝度遣唐使の副使大伴《おおとも》古麻呂《こまろ》を指すとするのが有力説で、彼は天平度遣唐使の一行として入唐しており、大学寮《だいがくりょう》の官人であったのを唐風に呼称したもの（東野治之『遣唐使』）、あるいは請益生《しょうやくしょう》として到来したもの（上村正裕「大伴古麻呂と奈良時代政治史の展開」）などと考えられている。

一方、これを「羽右満」と読む説（佐藤信「日唐交流史の一齣」）に依拠し、羽栗吉麻呂に比定、彼は阿倍仲麻呂とともに国子監《こくしかん》の太学で侍読《じとう》していたと推定し、唐人が吉麻呂を「国子監大学」と尊称していたとする説明もある（王勇『唐から見た遣唐使』）。開元二十二年（天平六）は天平度遣唐使渡海の頃で、吉麻呂の帰朝に向けた活動として理解可能であるが、従者が太学の講筵《こうえん》に連なり、その人物を唐人が尊敬していたというのは想像し難い。

読み方に関しても、やはり「朋古満」で、大伴古麻呂を指す、あるいは「羽古満」と釈読して、吉麻呂でも大伴古麻呂でもない、従来知られていない人物の存在を考える説などがよいであろう（河内春人「石山寺遺教経奥書をめぐって」）。いずれにしてもこれを羽栗吉麻呂の史料とするのは問題がある。

四　天平度遣唐使と仲麻呂

遣唐使の漂流

では、仲麻呂は日本の留学生として、唐においてどのような活動を展開したのであろうか。日本の遣唐使に対する唐側の賓待という文脈のなかでの仲麻呂の役割を検討していきたい（張維薇「阿倍仲麻呂の在唐活動に関する考察」）。

第二の遣唐使の航路のところで触れたように、天平度遣唐使は帰路に「南島路」を経由せざるを得なくなった初例であり、判官平群広成《へぐりのひろなり》は渤海《ぼっかい》路で帰還するという辛苦を余儀なくされている。今回の遣唐使は天平六年（開元二十二）十月に四船がともに蘇州《そしゅう》を進発したが、悪風に遭遇しばらばらになり、四船はそれぞれに漂蕩してしまう。大使多治《たじ》比広成《ひのひろなり》の第一船は再出帆のうえ、十一月に多禰島《たねがしま》に還着し（『続日本紀』天平六年十一月丁丑条）、唐側の情報では行方不明（『唐丞相曲江張先生文集《とうじょうしょうきょくこうちょうせんせいぶんしゅう》』巻七「勅日本国王書」）とあるもう一隻も、この年に帰還したものと思われ、霊亀度の留学者であった吉備真備《きびのまきび》・玄昉《げんぼう》はこれらの船で無事帰朝することができた。

一方、副使中臣名代《なかとみのなしろ》の第二船は南海に飄入《ひょうにゅう》したといい、再び唐に戻り、船を修理したり、体調を整えたりして、しばらく滞留したようである。「勅日本国王書」はこの名代の帰国に付託されたもので、そこには「中冬」の語が見えるから、天平七年十一月頃に発給されたことがわかり、その後に帰国の途に就いたのであろう。

そして、天平八年になって、これまた薩摩《さつま》国方面に帰着しており（天平八年度薩麻国正《しょう》税帳《ぜいちょう》／『大日本古文書《だいにほんこもんじょ》』二巻一六頁）、音楽面などで活躍する皇甫東朝《こうほとうちょう》・皇甫昇女《しょうじょ》・李元瓌《りげんかい》と波斯《はし》人李密翳《りみつえい》を随伴している（『続日本紀』天平八年八月庚午条・十一月戊寅条など）。また唐僧道璿《どうせん》、南天竺人菩提僊那《ぼだいせんな》、林邑《りんゆう》人仏哲《ぶってつ》も随伴して来日しており、菩提僊那は波羅門僧《ばらもんそう》正《じょう》と称され、後に東大寺大仏開眼供養《とうだいじだいぶつかいげんくよう》の導師を務めることになる（聖武《しょうむ》天皇、良弁《ろうべん》、行基《ぎょうき》と並ぶ東大寺四聖の一人）。

平群広成の辛苦

残る一隻が判官平群広成の船で、遣唐使史上でも稀に見る悲惨な体験をしている（『続日本紀』天平十一年十一月辛卯条）。広成らは一一五人、崑崙《こんろん》国、あるいは林邑国（「勅日本国王書」)、東南アジア方面に漂蕩した。何よりも言語不通で、相手方も外国人の到来に警戒し、兵士による包囲・拘執《こうしつ》がなされ、船人たちは殺害されたり、逃散したりする者がおり、九十余人になったが、そのほとんどは風土病で死去し、わずかに広成ら四人だけが生存して、崑崙王と相見することができたという。

広成らは食事は供給されたものの、「悪処」、環境の悪い場所に抑留されたままであった。天平七年になって、唐・欽州《きんしゅう》の熟崑崙《じゅくこんろん》(唐と通交関係にある崑崙の一族)がここに到来し、広成らを偸《ぬす》み出して救出してくれたので、再び唐に戻ることができたのである。

以上は広成側の説明に基づく経緯であるが、唐側の情報では林邑国に漂蕩した広成らは、言語不通、却掠《きょうりゃく》されて殺害、あるいは人身売買されたりしたという。ただし、林邑諸国はこの頃唐に朝貢してきていたので、玄宗皇帝は安南都護に勅を下して、生存者の送付を命じたところ、広成らは広州《こうしゅう》を経て、唐の保護下に入ることができたと伝えられている(「勅日本国王書」)。

阿倍仲麻呂の介在

ただ、すでに第二船の中臣名代は帰国の途に就いていたらしく、広成らには帰国手段がなかった。そこで案出されたのが、日本と通交を開始していた渤海に赴き、渤海の遣日使に随伴して帰朝するという方法である。天平十年三月に登州から渡海、五月に渤海に至った広成らは、渤海の遣日使派遣の時宜に間に合った。しかし、日本到着時にまたもや漂蕩し、渤海の大使は漂没、広成は生存した人びとを引率して何とか出羽《でわ》国に還着することができたという。ここには何度も漂流を経験した広成の対応能力が大いに発揮されたものと思われる。

この異例の渤海路経由での帰朝計画が認可されたのは、阿倍仲麻呂の助力が大きかったと考えられる。広成が唐に戻った時、日本の留学生である阿倍仲麻呂を介して入朝することができたと報告されており、この時点で玄宗の側近にいた仲麻呂の役割が多大であったことが知られる。中臣名代の帰朝時に論事勅書《ちょくしょ》を発給し、日本朝廷に詳細な事情を伝達したのも、仲麻呂の示唆・配慮が働いた可能性がある。

日渤関係が成立するのは神亀《じんき》四年（七二七）の渤海使来航によってであり、これは仲麻呂の入唐以後の出来事で、仲麻呂は日本と渤海の交流については知らなかったかもしれない。したがって平群広成が渤海路で帰国するという方途を考え出したのは、広成自身の創案なのか、あるいは仲麻呂の意見を取り入れたものなのか、この点は不明とせねばならないが、この方式の実現、玄宗の許諾を得るうえでは、やはり仲麻呂の仲介が不可欠ではなかったかと思われる。

仲麻呂は日本の遣唐使官人から見れば、あくまで「学生」、日本の留学生であるが、日本の使人と玄宗の間を取り持つような立場にあった。これは留学の完遂とは別の形で、日唐関係の構築において、日本に寄与する大きな力となったのである。これこそが国際人として生きる仲麻呂の故国への一番の貢献であった。

第四　帰国の試み

一　勝宝度遣唐使の到来

仲麻呂の消息

天平《てんぴょう》度遣唐使の判官平群広成《ほうがんへぐりのひろなり》が労苦を重ねて帰朝し、その経緯を報告した時、日本の朝廷では玄宗《げんそう》皇帝の側近に仕える留学生《るがくしょう》阿倍仲麻呂のことが大いに話題になったかもしれない。しかし、その後、日唐間の通交は天平勝宝《てんぴょうしょうほう》四年（七五二＝天宝《てんぽう》十一）進発の勝宝度遣唐使の到来まで途絶してしまう。

この間、天平十八年（七四六）には遣唐使派遣計画があり、これは当時進められていた東大寺大仏《とうだいじだいぶつ》の鍍金《ときん》に用いる黄金を購入するためとする史料があるが（『東大寺要録《とうだいじようろく》』巻四所収弘仁《こうにん》十二年〈八二一〉八月十五日太政官符《だじょうかんぷ》）、宇佐八幡宮《うさはちまんぐう》から国内での産金予告の神託《しんたく》が示され、実際に天平二十一年に陸奥《むつ》国から黄金九〇〇両の産出が報告されたため、派遣は中止になったようである（石井正敏「宇佐八幡黄金説話と遣唐使」）。ちなみに、黄金出現の祥瑞《しょうずい》により改元が行われ、当初天平感宝《てんぴょうかんぽう》、次いで天平勝宝となった。

こうした日唐間の連絡欠如により、唐に滞留した仲麻呂の動向は不詳になる。唐における官歴の面でも、この間の仲麻呂は儀王友《ぎおうゆう》（従五品下相当）として、玄宗の第十二子儀王の遊び相手となり、また道義を糺《ただ》し諫める役務にあったことが知られるだけで、三十四―五十一歳という人生で最も充実した時期の活動が杳《よう》としてわからないのは残念である。そこで、考察は一気に勝宝度遣唐使の到来に飛ばざるを得ない。

勝宝度の遣使

勝宝度遣唐使は天平勝宝二年九月に任命、同四年になって三月三日に拝朝、閏三月九日に節刀《せっとう》を授けられて出発する。その後、四月九日には聖武太上天皇《しょうむだじょうてんのう》、孝謙《こうけん》天皇のもとで東大寺大仏の開眼供養《かいげんくよう》が挙行されたが、遣唐使一行はその盛儀を見ることなく、渡海・入唐したものと思われる。

一行には次の面々が知られる。

大使…従四位下（→正四位下）藤原朝臣清河《ふじわらあそんきよかわ》（河清《かせい》）

副使…従五位下大伴宿禰古麻呂《おおとものすくねこまろ》

　従四位上吉備朝臣真備《きびのあそんまきび》

判官四人…正六位上大伴宿禰御笠《みかさ》・巨万朝臣大山《こまのあそんおおやま》、正六位上布勢《ふせ》朝臣人主《ひとぬし》〔第四船〕

録事四人
第四船舵師…川部酒麻呂《かわべのさかまろ》
留学僧《るがくそう》…行賀《ぎょうが》
留学生…藤原朝臣刷雄《さつお》、船連夫子《ふねのむらじふうし》（?）、淡海真人三船《おうみのまひとみふね》〔病により入唐せず〕
請益生《しょうやくしょう》…膳臣大丘《かしわでのおみおおおか》、粟田道麻呂《あわたのみちまろ》（?）〔破陣曲《はじんのきょく》を伝来〕

大使の清河は北家《ほっけ》房前《ふささき》の第四子、叔母である光明《こうみょう》皇太后の「春日《かすが》に神を祭る日に、藤原大后の作らす歌」（『万葉集《まんようしゅう》』巻十九第四二四〇番）、

大船に　ま梶《かじ》しじ貫き　この我子《あこ》を　唐国に遣《や》る　斎《いは》へ神たち

それに対する「大使藤原朝臣清河の歌」（第四二四一番）、

春日野《かすがの》に　斎《いつ》く三諸《みもろ》の　梅の花　栄えてあり待て　帰り来るまで

を交わして、元気に出発する。

光明皇太后の歌は、「大船に梶をいっぱい取り付けてやり、このいとし子を唐に遣ります。守らせ給え神々たちよ」の意で、清河は「春日野に祭る社《やしろ》の梅の花よ、ずっと咲いて待っていてくれ、帰って来るまで」と、無事の帰還を春日の神に祈願するものであった。かつて阿倍仲麻呂が渡航した時の春日での奉祀の様子をうかがわせる材料ともな

る。

　しかし、清河は帰路に漂蕩し、唐に滞留、仲麻呂とともに玄宗に仕え、唐で死去する（長野正「藤原清河伝について」）。ちなみに、唐で生まれた女《むすめ》の喜娘《きじょう》は父の死後に宝亀《ほうき》度①遣唐使に随伴して父の故国の地を踏んだ（『続日本紀《しょくにほんぎ》』宝亀九年〈七七八〉十一月乙卯条）。

　副使には二人の名前が見え、うち一人は霊亀《れいき》度遣唐使の留学生であった吉備（下道《しもつみち》）真備である。上述のように、真備は天平度遣唐使に随伴して帰朝し、日本で立身することになる。ここに唐で立身した仲麻呂と真備が再び相まみえるという奇縁が生じる。実は真備は孝謙天皇即位頃から大いに台頭してきた南家《なんけ》の藤原仲麻呂《なかまろ》に警戒されていたのか、筑前守《ちくぜんのかみ》、ついで肥前《ひぜん》守に左降されており、今回の遣唐使から帰朝した後にも、大《だ》宰大弐《ざいだいに》として、怡土城《いとじょう》造営に従事させられ、長らく都から遠ざけられている。

真備の入唐理由

　副使は当初大伴古麻呂一人であり、真備は追加で任命されたという経緯である。したがってこの真備起用は、あるいは帰路に漂蕩して死去することを念頭に置いたものとする説もあるが、上掲の石山寺《いしやまでら》蔵『遺教経《ゆいきょうぎょう》』奥書《おくがき》の「朋古満」を大伴古麻呂のこととすると、二人の副使はともに入唐・在唐経験者であり、大使を助けて活躍することが期待されての起用と見るのがよいであろう。

伝戒師招聘の使命

今回の遣唐使をめぐる最大の話題は、日本に本格的な戒律《かいりつ》を伝えた唐僧鑑真《がんじん》の来日を随伴したことである（安藤更生『鑑真』、東野治之『鑑真』）。早くに大宝《たいほう》度の留学僧道慈《どうじ》は『愚《ぐ》志《し》』一巻を著し、

今、日本の素緇《すし》の仏法を行ふ軌模《きぼ》を察《み》るに、全く大唐道俗の聖教を伝ふる法則に異なれり。若《も》し経典に順《したが》はば、能《よ》く国土を護り、如《も》し憲章に違はば人民《じんみん》に利あらず、一国の仏法、万家修善《しゅうぜん》せば、何ぞ虚設《こせつ》を用ゐむ。豈《あに》慎まざらんや。

と、日本の仏教界のあり方に警鐘を鳴らしている（『続日本紀』天平十六年十月辛卯条）。すなわち、日本の僧侶・俗人ともどもの仏教に対する姿勢を批判しているのである。このあたりには外の世界を見た者と内向きの論理への拘泥との相克がうかがわれる。

道慈が示唆したのは戒律の護持の不充分さであり、これをふまえて天平度に興福寺《こうふくじ》の普照《ふしょう》・栄叡《ようえい》らが留学僧として派遣される。彼らは伝戒師招聘の候補者探索を一つの任務とし、すでに天平度遣唐使の帰国に随伴して洛陽大福光寺《らくようだいふくこうじ》の道璿律師《どうせんりつし》を日本に送り込んでいたが、正規の戒律伝授は一人では不可能であり、やはり本格的な伝戒師の一団の招聘が必要であった。

普照・栄叡は日本行きが可能な人物を求めて、ついに鑑真に出会うことができた。鑑

真は揚州《ようしゅう》大明寺《だいめいじ》に止住していたが、栄叡・普照らの伝戒師招聘の熱意に打たれ、天宝元年（七四二＝天平十四）には自らが日本に行くことを決意する。彼らは独力で日本への帰還を試みたが、それから五回も渡航に失敗、栄叡は病死し、鑑真も失明するという苦難に見舞われていた（『唐大《とうだい》和《わ》上東征伝《じょうとうせいでん》』）。そこで、ついに勝宝度遣唐使が到来し、日本へということになるのである。日本側としては「二十年一貢」の時宜で、普照らがそろそろ使命を果たして、日本に戒律を伝えるに相応しい人物を選定しているものと期待しての遣唐使派遣であったと思われる。

二　阿倍仲麻呂の役割

新羅との争長事件

勝宝度遣唐使の唐における行事として特記すべきは、副使大伴古麻呂の帰朝報告に見える、天宝十二載（＝天平勝宝五）の元日《がんじつ》朝賀《ちょうが》で席次をめぐって新羅《しらぎ》と争い、唐側に座席変更を認めさせたという出来事である（『続日本紀』天平勝宝六年正月丙寅条）。これは争長事件と称されるもので、多くの国々が朝貢《ちょうこう》していた唐ではそれほど珍しい出来事ではなく、新羅と渤海《ぼっかい》の間でも惹起した例が知られる（『東文選《とうもんぜん》』巻三十三・表箋「謝不許北国居上表」。濱田

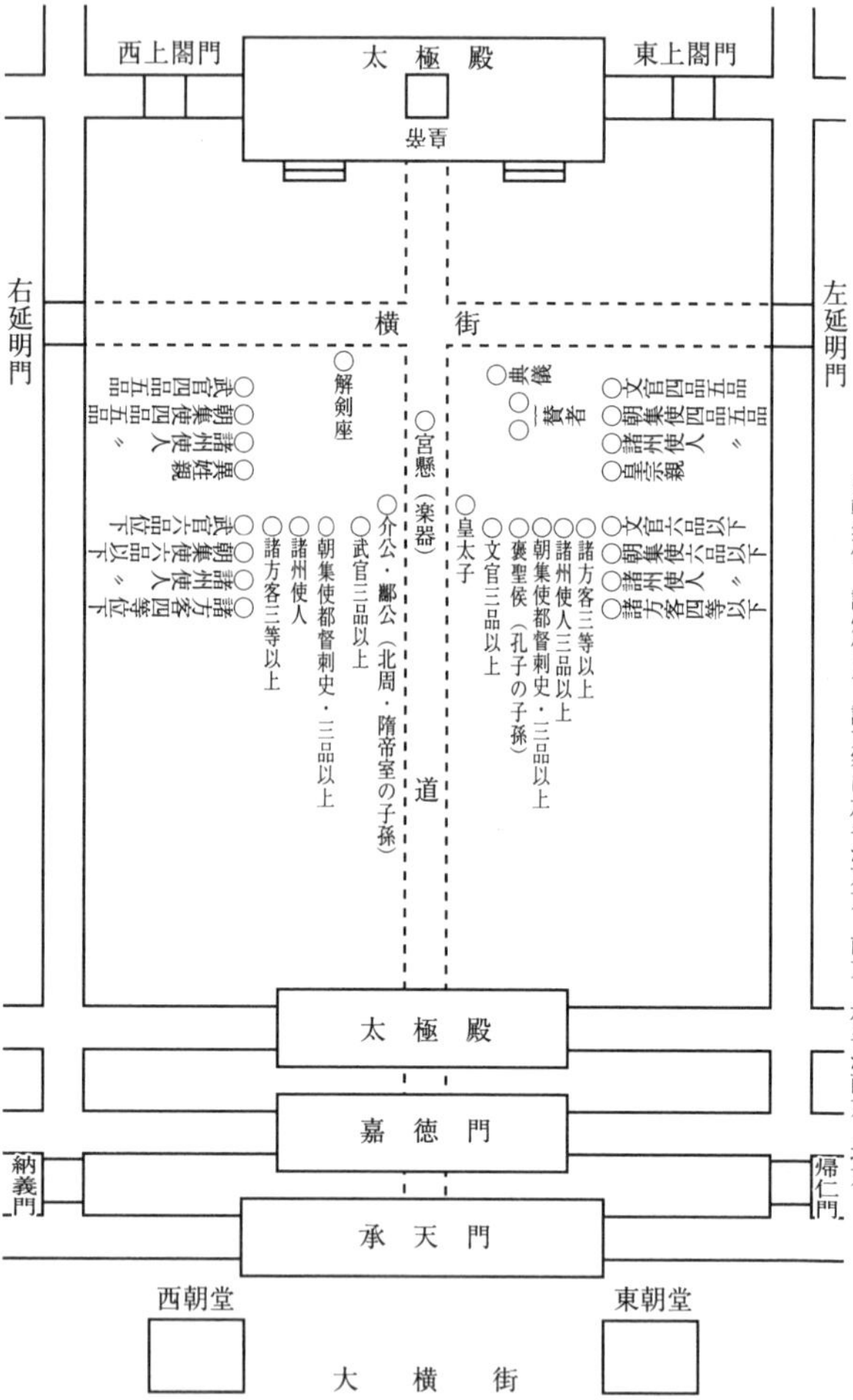

※太極宮の構造は，平岡武夫編『唐代研究のしおり第七　長安と洛陽地図』を参考とした。
※文字の向きが版位の方向を示す。　ex.↑○皇太子
※朝集使・諸州使人・諸方客は左半が東方・南方，右半が西方・北方。

唐の元日朝賀儀礼列立図（長安城太極宮太極殿庭．藤森健太郎『古代天皇の即位儀礼』吉川弘文館，2000年）

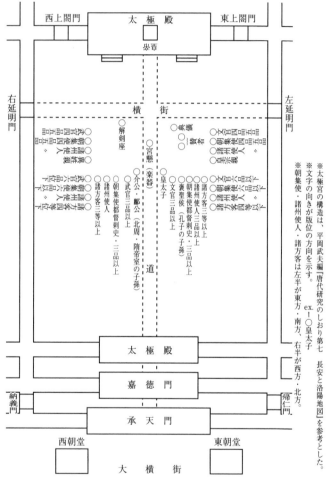

耕策「唐朝における渤海と新羅の争長事件」)。
『大唐開元礼《だいとうかいげんれい》』巻七十九「蕃主奉見」には、「若し更に諸蕃《しょばん》有らば、国の大小を以て叙《ついで》と為《な》せ」という分註があるので、唐も諸蕃間の大小を認識しており、諸蕃国相互の関係などを考慮して、複数の国々の序列を適宜決定する原則があったようである。

唐の冊封《さくほう》下にあった新羅は、ほぼ毎年遣唐使を派遣しており、一方の日本は「二十年一貢」と、唐にとっては予期せざる絶域の諸蕃国の入朝であった。したがってこの出来事は、日本が思い描く新羅との関係が国際的にはまったく認知されていなかったことを示し、遣唐使が日本の国際関係、朝鮮諸国との上下関係の承認を求めるといった活動を行うものではなかったことをうかがわせる（森公章「古代日本における対唐観の研究」）。

大伴古麻呂の活躍

大伴古麻呂の報告を掲げると、次のように記されている。

副使大伴宿禰古麻呂、唐国より至る。古麻呂奏《そう》して曰《いは》く、大唐天宝十二載歳《ほし》は癸《みずのと》巳《み》に在る正月朔癸卯、百官・諸蕃朝賀せり。天子《てんし》は蓬莱宮《ほうらいきゅう》含元殿《がんげんでん》において朝を受く。是《こ》の日、我を以て西畔第二、吐蕃《とばん》の下に次《つ》いです、新羅使を以て東畔第一、大《たい》食国《じきこく》の上に次いです。古麻呂論じて曰く、古《いにしえ》より今に至るまで、新羅の日本国に朝貢するや久し。而《しか》して今東畔の上に列し、我は反《かえ》りて其の下に在り、義得べからずと。時に将軍呉懐実《ごかいじつ》、古麻呂肯《が》へんぜざるの色を見知し、即ち新羅使を引きて、西畔第二、吐蕃の下に次いでし、日本使を以て東畔第一、大食国の上に次いでせり。

これは副使大伴古麻呂の手柄自慢話の要素もあるが、大明宮《たいめいきゅう》の含元殿で挙行された元日朝賀の席次は、当初日本は西畔第二で、吐蕃（チベット）の下、新羅は東畔第一で、大食国（アッバース朝イスラム帝国）の上であったという。これを知った古麻呂は、新羅は古来日本に朝貢しているので席順を変更すべきことを強硬に主張し、これが認められ、日本と新羅の席が交替になったとある。ただし、唐を中心とする方位観からは日本と新羅はともに東方の席であったはずであり、本当は東畔第一が新羅で、日本はその下にあったと見ることができ、ここには若干の脚色があると思われる。

この争長事件は『三国史記《さんごくしき》』など新羅側の記録にはなく、その虚構性を指摘する意見もあるが、『東大寺要録』巻一所引延暦僧録《えんりやくそうろく》第二勝宝感神聖武皇帝菩薩伝にも、

　復《また》元日賀正を拝す、勅して日本使に命じて、新羅使の上にすべし。

と記されている。また解決に尽力した将軍呉懐実は宦官《かんがん》として活躍した人物で、そうした調整能力が発揮されたと考えられることなどから、実際の出来事であったと見ておきたい（石井正敏「唐の将軍「呉懐実」について」、同「大伴古麻呂奏言について」）。

こうした玄宗側近による解決という点に着目すると、同じく側近にいた仲麻呂の関与はどうであろうか。この点はまったく手がかりがないが、日本に関わる事案であり、あるいは日羅《にちら》関係の実際について、仲麻呂に諮問が行われ、それによって解決への道筋がつけられたとも考えられる。これは想像でしかないが、玄宗側近に仕える日本人の役割として、その可能性に留意したい。

宮殿内の観覧

仲麻呂の確実な役割として判明するのは、玄宗の許可により、遣唐使一行を府庫の観覧に案内することであった（勝宝感神聖武皇帝菩薩伝）。儒教《じゅきょう》・道教《どうきょう》・仏教に関わる三教殿を巡見したといい、その様子は次のように描写されている。

又朝衡に勅して日本使を領《ひき》いて、府庫において一切の処遍《あまね》く宥《ゆる》す。彼に至りて三教殿を披《ひら》く。初め君主教殿を礼す。御座《ぎょざ》は常の如くに荘飾し、九経三史あり。架別に厨龕《ちゅうがん》に積載す。次に至りて、老君の教堂に御し披かる。閣は少しくして高く顕《あら》はる。御座の荘厳、少しく勝《まさ》る。厨別の龕函《がんかん》、四子太玄を盈満《いつまん》す。後に至りて、釈《しゃく》典《てん》殿宇に御し披かる。顕教《けんぎょう》の厳麗、殊に絶す。龕函、皆《みな》、雑宝を以て厠塡《してん》す。檀《だん》沈《ちん》の異香御座を荘校す。高きこと広きこと前よりも倍勝せり。雑宝を以て燭台と為す。台の下に巨鼇《きょごう》有り、載《の》するに蓬萊山を以てす。上に仙宮霊宇を列べ、宝樹の地を戴《いただ》く。瑟々《しつしつ》たる紅《べに》にして頗《かたむ》く梨宝、樹花の中を荘飾す。一々の花の中に、各々一宝珠有り。地は皆、砌《みぎり》にして、文玉を以てす。其の殿の諸《もろもろ》の雑木は、尽《ことごと》く沈香《じんこう》を鉗《はさ》み、御座及び案、経架の宝の荘飾、諸の工巧を尽す。

遣唐使全体の歴史のなかでも、これほどまでに宮殿内の奥深くに入って、これを参観することができたのは今回だけであり、そこには玄宗の仲麻呂に対する信頼、それを介した日本の使人への親愛の情があってのことと思われる。儒教関係の君主教殿では九経三史、儒教の経典や史書が整然と架蔵されている様子を見学し、次に道教関係の老君教殿でも道教の経典が同様に配架されていた。日本で信奉されていた仏教関係の施設の描写が最も詳細であり、皇帝の御座や装飾のすばらしさ、香気に満ちた室礼《しつらい》など、いずれの点においても最高の位置づけであったと叙述されている。

日本の使人は「有義礼儀君子の使臣」と称されたが、これは日本を特別に高く評価したものではなく、中国に伝統的な東方君子国観に基づくもので、新羅に関しても「君子之国」の称が知られる（『旧唐書《くとうじょ》』新羅伝）。玄宗はまた、大使・副使の肖像画製作を命じ、これを「蕃蔵」に送遣、保管したという。これもほかの回の遣唐使には見られない待遇であった。

大使藤原清河は特進（正二品、文散官《ぶんさんかん》）、副使の大伴古麻呂は銀青光禄大夫《ぎんせいこうろくたいふ》光禄卿《けい》（従三品、文散官）、吉備真備《きびのまきび》は銀青光禄大夫秘書監《ひしょかん》（従三品、文散官）の官賞に与っている。これらは当時衛尉《えいい》卿であった仲麻呂が取り計らったものといい、これも仲麻呂の役割の一端を示すものである。

帰国の許可

詳しい状況は不明であるが、今回、仲麻呂は日本の遣唐使の帰朝に随伴して、帰国することが許可されていたらしい。それゆえに、最後の花道として、玄宗が仲麻呂を重用している様子を日本の使人たちに示しておくという意味合いもあり、遣唐使への優待という措置が講じられたのであろう。「人間五十年」と謡われるよりもずっと前の時代であり、日本からの遣唐使到来のあり方に鑑みて、すでに五十歳を越えていた仲麻呂にとっては、今回が故国に戻る最後の機会となると考え、玄宗も兼ねてからの仲麻呂の帰国の願望をついに承認したものと思われる。

そのためか、今回の遣唐使一行に対して、おそらくは辞見の際に、玄宗が御製詩を賦《ふ》すという、これまたほかに例のない出来事があった。それは「開元皇帝御製詩。送日本使五言」とあり、その詩文は次のようなものである（勝宝感神聖武皇帝菩薩伝）。

日下非殊俗、天中嘉会朝、朝爾懐義遠、矜爾畏途遥、漲海寛秋月、帰帆駛夕颷、因声彼君子、王化遠昭々。
（日下殊俗に非ず、天中会朝を嘉《よみ》す。爾の懐義の遠きを朝し、爾が畏途の遥かなるを矜《あわれ》む。漲海に秋月寛《ひろ》く、帰帆は夕飇《せきひょう》に駛《はや》す。因《よ》りて彼《か》の君子に声《あらわ》す、王化遠くして昭々なるを。）

内容としては日本の使人の帰朝を送別する通り一辺倒のものであるが、仲麻呂も帰国するという惜別の意図、深い感慨が込められた特別の賦詩であったと考えられる。

その後、遣唐使一行は鴻臚《こうろ》大卿蔣《しょう》 挑捥《ちょうえん》が揚州まで部領、別牒《べっちょう》を淮南《わいなん》地域に下し、処致使《しょちし》の魏方進《ぎほうしん》に勅して規定通りに供給して送り遣わされたといい、出帆、帰国の途に就くことになる。その前に今回の重要な使命である鑑真の招聘の場面に仲麻呂が参画しているので、その様相を見ておきたい。鑑真の伝記『唐大和上東征伝』（淡海真人三船撰、宝亀十年成立）には、鑑真来日が実現した裏事情が次のように描かれている。

天宝十二載歳次癸巳十月十五日壬午、日本国大使大使特進藤原清河・副使銀青光禄大夫光禄卿大伴宿禰胡万・副使銀青光禄大夫秘書監吉備朝臣真吉備・衛尉卿安倍朝臣朝衡等、来りて延光寺に至り、和上に白《もう》して云《いは》く、弟子早くに和上五遍海を渡り、日本国に向かひ、将《まさ》に教を伝へんと欲するを知れり。今親しく顔色を奉り、頂礼歓喜す。弟子等、先に和上の尊名幷《なら》びに持律の弟子の五僧を録して、已《すで》に主上に奏聞《そうもん》

鑑真と藤原清河の対面（『東征伝絵巻』巻第四，唐招提寺所蔵）

揚州延光寺で鑑真と相見する藤原清河一行．中央の直衣姿が清河．阿倍仲麻呂は黒の束帯姿のうちの一人か

し、日本に向かひて戒を伝へん。主上、道士を将《ひき》ゐて去《ゆ》かしむることを要《もと》む。日本の君王は先に道士の法を崇めざれば、便に奏して春挑《しゅんとう》（桃イ）原《げん》等四人を留めて、道士の法を住学せしむ。此が為に和上の名亦奏退せり。願はくは和上自ら方便を作《な》せ。弟子等、国信物を載する船四舶有り、行装具に足れり、去くこと亦難無し。和上許諾すること已《すで》に竟《おわり》ぬ。

揚州の延光寺にいた鑑真のもとに、日本の遣唐使一行が訪問する場面で、仲麻呂も同道していた。大使らは玄宗に鑑真と弟子五人の日本行きを申請したが、玄宗は道士の随行を条件に許可を与えると告げたという。三教殿の描写では仏教関係が一番立派であったと記されているが、道教関係の施設も儒教よりは優ると評されており、唐皇帝は李姓で、同姓の老子《ろうし》（李耳《りじ》）の開いた道教に傾倒するところが大きかった。

教団道教を忌避

ところが、日本側は「日本の君王は先に道士の法を崇めざれば」、つまり日本では道教を受容していないので、道教を学ぶためと称して春桃原ら四人を唐に残し、道士同行を回避することになり、同時に鑑真の正式招聘も取り下げることになる。日本でも道教的知識そのものはさまざまな学芸・信仰（呪術）や書籍の形で導入されていたが、中国で予言や民衆反乱を惹起する教団道教の受容は忌避したようである（新川登亀男『道教をめぐる攻防』）。

そこには『周書《しゅうじょ》』百済《くだら》伝に「僧尼《そうに》寺塔甚だ多し。而《しか》れども道士無し」と見える、日本が先進文物導入のルートとして依拠する百済において、道教が受容されなかった点を指摘する見解も呈されている（東野治之「外来文化と日本」）。ともあれ、教団道教を体現する道士の来日は、鑑真の招聘・戒律の伝授という国家的課題を放棄してでも回避すべき事柄であった。

密航を依頼

そこで、大使らはこの事情を鑑真に告げ、「願はくは和上自ら方便を作せ」、つまり具備している遣唐使船への密航を依頼することになり、鑑真もこれに応じたので、ついに日本行きが実現することになる。さすがに大使の第一船は憚られたのか、鑑真は副使大伴古麻呂の第二船に乗船し、ついに日本の土を踏むことができた。これも古麻呂の功績であった。

大使藤原清河、そしてこの最も安全と目される第一船に乗った阿倍仲麻呂らは漂蕩し、唐に戻り、ともに唐で客死することになっているので、ここが鑑真来日の切所《せつしょ》であった。それでも天宝十二載（＝天平勝宝五）十一月十五日に進発した第二船は、二十一日に阿児奈波島《おきなわ》（沖縄）に漂着、十二月七日に益救島《やく》、二十日に薩摩国《さつま》阿多郡《あた》秋津屋浦に上陸と、南島への漂流という辛苦を経験している（『唐大和上東征伝』）。

以上の鑑真の来日に関して、鑑真への事情説明の場面などで仲麻呂がどのように関与したのか、その役割如何《いかん》については、不詳とせねばならない。仲麻呂は日本における教団道教への警戒をあまり深く認識していなかったかもしれないが、唐皇帝の道教崇敬ぶりは承知しており、道教学修のために日本人の留置や鑑真の正式招聘取り下げについては、仲麻呂の助言がなされたかもしれない。また鑑真への「密航」依頼の場には仲麻呂も同席していたので、仲麻呂もこの方策を黙認していたことになろう。さらに想像をたくましくすれば、ここにも仲麻呂の提案があったのかもしれない。

なお、後述の王維の送別詩の序には、

　敬問の詔を懐き、金簡玉字をもちて道経を絶域の人に伝へむとす。

の句があり、「敬問の詔」は慰労制書のことで、道経云々の話は上掲の鑑真招聘をめぐる逸話を裏づけるものである。

　これにより仲麻呂が国書を付託され、道教の宣布を命じられたとする解釈も呈されているが（上野誠『遣唐使阿倍仲麻呂の夢』）、国書は遣唐使の使人、大使藤原清河に託されるものであり、道教の日本への導入は拒絶している。したがってここには仲麻呂の凱旋帰国を持ち上げようとする文学的修辞が加わっているものと考えておきたい。天長《てんちょう》八年（八三一）六月十一日豊安《ぶあん》撰の『鑑真和上三異事《がんじんわじょうさんいじ》』では、遣唐使人たちが鑑真を訪問する場面について、仲麻呂は「留学生衛尉卿安倍朝臣仲麿」と記されており、日本側の認識としては、仲麻呂はあくまでも一留学生であった点にも留意したい。

　ちなみに、今回の慰労制書は清河・仲麻呂の漂蕩によって日本には届かなかった可能性が高い。道経云々の件は、鑑真の弟子でともに来日し、鑑真の伝記『大唐伝戒師僧名《だいとうでんかいしそうめい》記《き》大和上鑑真伝《だいわじょうがんじんでん》』や『延暦僧録』の著述がある思託《したく》らの証言、『唐大和上東征伝』への材料提供がないと、日本ではまったく知られないままになったかもしれない。唐に滞留した春桃原らのその後は不詳である。

三　送別詩と歌詠

話は少し戻るが、阿倍仲麻呂が勝宝度遣唐使に随伴して帰国するに際して、交遊のあった唐の文人たちが送別の宴を催してくれたらしく、関連する賦詩がいくつか知られる。また仲麻呂自身の詩文も存する。ここでそれらを集成し、唐の知友たちの仲麻呂に対する心情や仲麻呂の惜別の気持ちなどを探ってみたい。

送別詩の存在

送別詩としては、包佶《ほうきつ》と王維のものが残るが、そのほか、仲麻呂が漂蕩して一時は死亡説があったらしく、それを聞いた李白が悲傷する詩文もある。また劉長卿《りゅうちょうけい》の詩は「贈日本聘使」とあり、一見誰に宛てたものかわからないが、上述のように、王維の詩序では仲麻呂が玄宗によって日本に派遣されるという書きぶりであり、包佶も仲麻呂を「日本国聘賀使」と称しているので、この「日本聘使」も仲麻呂を指すとすれば、これも送別詩群の一つということになる。

まずその劉長卿「同崔載華贈日本聘使」（『全唐詩』巻百五十）である。

憐君異域朝周遠、積水連天何処通、遥指来従初日外、始知更有扶桑東
（憐君、域を異にし、周遠に朝し、積水、天に連なり、何処《いずこ》にか通ぜん。遥に指し来る初日より外、始めて知る更に扶桑《ふそう》の東有るを）

「周遠」は遥か遠く、「積水」は大海のことで、「初日」は朝日・日の出、「扶桑」は日の出るあたりの海中にある神木を指し、東の果て、日本の別称として知られる語句である。内容としては、そのような地の果てがあることに驚くとともに、極東の日本に向かう使者をねぎらうものになっている。劉長卿は開元《かいげん》二十一年（七三三＝天平五）に進士《しんし》になっており、仲麻呂とも交わりがあったと思われる。彼は至徳《しとく》元年（七五六＝天平勝宝八）に監《かん》察御史《さつぎょし》になり、次いで転運使《てんうんし》判官になったが、讒言《ざんげん》により左降され、随州刺史《ずいしゅうしし》で終わったという。

次に包佶「送日本国聘使晁臣〔巨〕卿東帰」（『全唐詩』巻二百五）では、次のようにある。

上才生下国、東海是西隣、九訳番君使、千年聖主臣、野情偏得礼、本性本含仁、錦帆乗風転、金装照地新、孤域開蜃閣、暁日上車輪、早議来朝日、塗山玉帛均
（上才、下国に生まれ、東海は是れ西隣なり。九訳番君の使、千年聖主の臣、野情偏《ひとえ》に礼を得て、本性本《もと》より仁を含めり。錦帆、風に乗りて転じ、金装、地に照りて新し。孤域、蜃閣《しんこう》を開き、暁日、車輪に上る。

早く来朝の日を議し、塗山玉帛《ぎょくはく》均し）

前半部分は仲麻呂の「上才」なることを称え、「九訳」、つまり九回も通訳を介さないと言語が通じないほどの遠くの「下国」、諸蕃国から唐に到来し、「千年聖主」＝玄宗に仕えて、礼・仁といった儒教的道徳を身につけたことを述べている。後半部分の「錦帆」「金装」は飾り立てた遣唐使船の様子を形容したもので、蜃（みずち、または、おおはまぐり）の吐き出した気でできる蜃気楼が発生するような海域に行くことを案じるとともに、最後の二句では、「玉帛」が諸侯が天子にお目通りする際の贈り物のことであるから、仲麻呂が再び唐に来朝すること、再会の日を期する旨を告げたものと思われる。包佶は天宝《てんぽう》六載（＝天平十九）に進士になっており、諫議大夫《かんぎたいふ》や度支郎中《たくしろうちゅう》を歴任している。仲麻呂よりは年少と目されるが、何らかの交遊があったものと考えられる。

王維の詩序

王維（七〇一？―七六一）は盛唐を代表する詩人で、晩年の官名により王右丞《うじょう》とも称される。仲麻呂と同年齢と目され、開元九年（＝養老《ようろう》五）に進士に及第し、右拾遺《うしゅうい》、監察御史、左補闕《さほけつ》、庫部郎中《こぶろうちゅう》、吏部《りぶ》郎中などを歴任、一部は仲麻呂と共通する官歴も知られる。それゆえに仲麻呂との交わりも深かったようであり、王維「送秘書晁監還日本国幷序」（『全唐詩』巻百二十七）には、一〇五句五四五文字の長大な序が付されている。

その全文を掲げるのは煩雑であり、名訳も施されているので（上野誠『遣唐使阿倍仲麻呂の夢』）、そちらを参照していただくことにし、ここでは適宜字句を示しながら、内容をかいつまんで紹介しておきたい。詩序冒頭では「開元天地聖文神武応道皇帝」＝玄宗が立派な政治を行っていることを称え、諸蕃国からの通交も盛んであることを述べる。上述の争長事件をふまえてなのか、

海東の国は日本を大なりと為す。聖人の訓《おしえ》に服し、君子の風有り。正朔は夏《か》の時に本づき、衣裳は漢の制に同じ。

と、東夷諸国のなかで日本が「大国」であることや中華の風を学んでいることを評価している。また日本側が遣唐使を派遣して朝貢に努めていること、唐側もきちんと賓待していることを指摘する。

王維から見た仲麻呂

そして、日本から到来した阿倍仲麻呂については、次のように描写される。

晁司馬は結髪より聖に游ばんとして、笈《きゅう》を負ひて親を辞し、礼を老聃《ろうたん》に問ひ、詩を子夏に学ぶ。魯《ろ》に車馬を借して、孔丘《こうきゅう》は遂に宗周《そうしゅう》に適《ゆ》き、鄭は縞衣を献じて、季札は始めて上国に通ず。名は太学に成り、官は客郷〔卿〕に至る。

「結髪」は元服《げんぷく》を示し、十五歳または二十歳で、十五歳とすると、上述の留学生選定

時十六歳説に依拠した方が仲麻呂が渡唐を志す時期と合致する。仲麻呂が来唐し、太学に入学した時点からの勉強ぶりを述べており、礼・詩・儒教を老子や孔子《こうし》門下の聖人たちのような立派な学者に師事して懸命に学修したこと、太学でも名を馳せたことが語られている。そして、唐での任官に触れる。この次に仲麻呂の結婚云々のところで言及した、「必ず斉《せい》の姜《きょう》」云々の字句があり、上述のように、王維は仲麻呂の帰国願望を充分に理解していたと思われる。それはその次に、

宦に遊ぶこと三年にして、君の羹《あつもの》を以て母に遺《おく》られんことを願ひ、一国に居《お》らずして、其れ昼に錦きて郷に還らんと欲せり。

とあることによっても裏づけられよう。ここには仲麻呂が故郷に錦を飾ることを切望した様子がうかがわれる。

こうした点をふまえて、仲麻呂の帰国が承認され、勝宝度遣唐使に随伴して故国に向かうことになるのであるが、その際にやはり上述した、

敬問の詔を懐《いだ》き、金簡玉字をもちて道経を絶域の人に伝へむとす。

という仲麻呂の使命に言及されている。そして、これまで紹介した送別詩にも用いられている「万里」「扶桑」のほかに、「鯨魚噴浪」「白日」「蒼天」「黄雀之風」「黒蜃之気」

など、遠方への航海とその労苦を慮る叙述が示される。

鼓舞と惜別

末尾には、

嘻《ああ》、帝郷の故旧を去《さ》りて、本朝の君臣に謁せんとす。七子の詩を詠じて、両国の印を佩《お》びぬ。我が王度《おうど》を恢《おおい》ひにし、彼の蕃臣に諭す。三寸の猶ほ在りて、楽毅《がっき》は燕《えん》を辞して未《いま》だ老いざりしごとく、十年外に在るも、信陵《しんりょう》の魏に帰りて愈々《いよいよ》尊かりしがごときあらん。子《し》よ、其れ行け乎《や》。余は言を贈る者なり。

と結ばれており、仲麻呂の進発を鼓舞する内容になっている。

王維は仲麻呂が日本でも厚遇されることを期待しつつ、長年の不在から戻ってきてまた中国で活躍することにも淡い可能性を求めているが、最後は帰国を後押しし、祝福するのである。

蕭穎士招聘計画

なお、勝宝度遣唐使に関連しては、盛唐の儒者文人として名高い蕭穎士《しょうえいし》が不遇に陥った時、東方の国から彼を招聘する企図があったという逸話がある。ただし、『旧唐書』巻百九十下の蕭穎士伝では新羅、『新唐書《しんとうじょ》』巻二百二の同伝では日本からの使者到来となっており、どちらを是とすべきかは見解が二分されており、確定は難しい（池田温「蕭穎士招聘は新羅か日本か」、東野治之「唐の文人蕭穎士の招聘」）。

日本では、鑑真を除くと、来日唐人は天平度の袁晋卿《えんしんけい》などのような無名の二流（以下）の人びとばかりであった（森公章「袁晋卿の生涯」）。一方、新羅は毎年のように遣唐使を派遣し、多くの留学生を送り込むとともに、新王即位の際の唐使の来訪など、人の交流が頻繁であった。したがって蕭穎士招聘も新羅の可能性が高いと思うが、結局のところ、蕭穎士は周囲の人びとの制止もあって、病を理由に招聘に応じなかったという。

ただ、天平度、そして今回の勝宝度は遣唐使の歴史のなかでも僧侶だけでなく、俗人も含めて、人の交流に意が注がれた時期で（榎本淳一「来日した唐人たち」）、鑑真の招聘と同様、日本の使人が蕭穎士に声をかけた可能性も捨てきれない。その際にはやはり唐の情勢、蕭穎士の状況に通じた仲麻呂の介在という要素が想定できるかもしれない。また仲麻呂の故国での活躍が期待される背景には、こうした日本側の人の招聘への熱意をふまえて、王維も唐文化を十二分に身につけた仲麻呂の教養が重視されることを展望していたと考えられるところである。

王維の送別詩

王維の送別詩は、次のようなものであった。

積水不可極、安知滄海東、九州何処遠、万里若乗空、向国惟看日、帰帆但信風、鼇身映天黒、魚眼射波紅、郷樹扶桑外、主人孤島中、別離方異域、音信若為通

（積水、極むべからず、安《いづく》んぞ滄海の東を知らんや。九州に何処《いずこ》か遠き、万里、空に乗れるが若《ごと》し。国に向ひて惟《こ》れ日を看《み》て、帰帆は但だ風に信《まか》せり。鼇身《ごうしん》は天に映じて黒く、魚眼は波を射て紅《くれない》なり。郷樹は扶桑の外、主人は孤島の中、別離して方《まさ》に異域なれば、音信を若為《いか》に通ぜん）

劉長卿や包佶の詩文と同様に、東の果ての日本への航海の苦難を心配するとともに、仲麻呂が日本に戻ってしまったら、もう会うことができない、「音信を若為に通ぜん」と、遣唐使による通交しか手段のない当時にあっては、連絡の取りようもないという惜別の気持ちが強調されている。

仲麻呂の答詩

以上の送別詩に対して、仲麻呂の答礼の詩文も存する。胡（朝）衡「銜命使本国」（『全唐詩』巻七百三十二）がそれであり、ここでもやはり日本に唐の使人として向かうという立場が示されているが、上述のように、これはあくまで詩文上の修辞、唐の官人としてのたてまえであったと見ておきたい。

銜命将辞国、非才忝侍臣、天中恋明王、海外憶慈親、伏奏違金闕、騑驂去玉津、蓬萊郷路遠、若木故園鄰、西望懐恩日、東帰感義辰、平生一宝剣、留贈結交人

（命を銜《ふく》みて将《まさ》に国を辞せんとす。非才侍臣を忝《かたじけ》なくす。天中の明王を恋ひつつ、海外の慈親を憶《おも》ふ。伏奏して金闕を違《さ》り、騑驂《ひさん》して玉津を去らむ。蓬萊の郷は路遠く、若木の故園は鄰にあり。西望して恩を懐《おも》

ふ日あらむ、東帰して義に感ずる辰《とき》あらむ。平生の一宝剣を留贈す、交はりを結びたりし人に）

ここにはまず玄宗の許可を得て帰国が実現しようとすることとともに、非才である自分を侍臣として厚遇してくれたことへの感謝が示されている。「明王」である玄宗に心を残しながらも、日本にいる両親を憶い、「金闕」「玉津」と称される唐の朝廷を去る選択をしたと述べる。日本を「蓬莱郷」と記し、唐から遥かかなたにあり、知友たちとの再会は難しいことも示唆されているが、帰国しても唐での思い出を忘れることはないと告げている。末尾の句によると、仲麻呂は日常帯びていた剣を知友の一人に留贈したことも知られる。

玄宗に目をかけられていた仲麻呂は、最も安全とされる大使藤原清河の第一船に乗船して、進発する。しかし、あろうことかこの勝宝度遣唐使では第一船だけが帰朝できなかった。実は第一船も日本方面までは到来したのであるが、そこから大漂流したようである。先には鑑真来日の概略のみに触れたが、後述の「あまの原」の歌詠とも関わる論点であるので、第一船の顚末を含めて、『唐大和上東征伝』に描かれた鑑真一行の様子を整理してみたい。

帰路の様子

鑑真らは天宝十二載（＝天平勝宝五）十月二十九日に蘇州黄泗浦《そしゅうこうしほ》で乗船し、当初は遣唐副使以下の船に分乗していたようである。しかし、広陵《こうりよう》郡が鑑真の日本行き、密航を察知し、遣唐使船を捜索するという風聞、また漂蕩して唐に戻った時に鑑真らの乗船が判明すると困ったことになるという懸念が生じ、大使はいったん鑑真らを下船させてしまう。十一月十日夜に副使大伴古麻呂が鑑真らを自分の船に乗船させたといい、やはり鑑真来日には古麻呂の功績が大きかった。十三日に普照は越州《えつしゆう》余姚《よよう》郡から到来して、副使吉備真備の船に乗船する。

そこで、十五日に遣唐使船四隻が同時に出発、二十日には第三船が、第一・二船も二十一日に阿児奈波島に到着した。これで故国はかなり近づき、「南島路」の労苦はあるが、仲麻呂には帰朝への期待が大きくふくらんだところであろう。しかし、十二月六日に南風が発生、第一船は岩に着いて動けなくなり、第二船は多禰《たね》方面に向かって進発、上述のように益救島を経て、南九州に還着することができた。

なお、第四船は翌年四月になって薩摩国石籬浦《いしがきのうら》に来着しており（『続日本紀』天平勝宝六年四月癸未条）、今回は四船とも同様のルートをとったことがわかる。第四船の帰国にもドラマがあり、海中で強風により船尾に失火があった時、炎が艫《とも》を覆い、人びとはあわてて何もできなかった。肥前国松浦《まつら》郡出身の舵師川部酒麻呂《かわべのさけまろ》は、手が焼け爛れても舵を離さず、遂に火を撲滅したという。宝亀度①遣唐使派遣を準備するなかで、水手《すいしゅ》らを鼓舞する政治的な意味合いを含む措置と考えられるが、酒麻呂には位十階を授け、松浦郡の員外主帳《いんがいしゅちょう》に任じるという褒賞がなされている（宝亀六年四月壬申条）。

大漂流

『唐大和上東征伝』では第一船のその後は不明であるが、『古今和歌集目録《こきんわかしゅうもくろく》』の略伝には、安南《あんなん》に漂泊したとある（『日本後紀《にほんこうき》』延暦《えんりゃく》二十二年〈八〇三〉三月丁巳条も参照）。清河関係の史料には唐の南辺の驩州《かんしゅう》（安南の北部）に漂着したと記されており（『続日本紀』宝亀十年二月乙亥条）、いずれにしてもベトナム付近まで流されてしまったようである。清河らは「土人」（現地の人）に攻撃を受けたが、何とか逃れて唐に戻ることができたといい、仲麻呂もともに唐に戻らざるを得ない結末になった。

日本側でも大宰府《だざいふ》から朝廷に対して、清河の第一船は奄美島に向かって進発したが、消息不明になっているとの報告がなされていた（天平勝宝六年三月癸丑条）。沖縄・奄美方面からベトナムまではどのようなルートをとったのかわからないが、これは大漂流であり、一行の労苦が思いやられる。

李白の哀悼

李白は杜甫《とほ》とともに唐代の詩人の最高峰に位置づけられる人物であるが（王維は三番手くらいか）、この仲麻呂の漂蕩を聞き、死去の風聞もあったのか、「哭晁卿行」（『全唐詩』巻百八十四）を賦している。

日本晁卿辞帝都、征帆一片繞蓬壺、明月不帰沈碧海、白雲愁色満蒼梧

（日本晁卿、帝都を辞して、征帆一片、蓬壺《ほうこ》を繞《めぐ》らんとす。明月は帰らずして、碧海に沈み、白雲愁色、蒼梧《せいご》に満ちたり）

これにより仲麻呂は李白とも親交があったことが知られる。「明月」は文字通りの曇りのない月、朗月のことであるが、明月に例えるべき珠の名の意もあり、才能のある仲麻呂を比喩したもので、仲麻呂が漂没してしまったことを悲嘆する内容である。「蒼梧」は九疑山《きゅうぎさん》ともいい、湖南省寧遠《ねいえん》県の東南、舜《しゅん》帝が死亡した地と伝えられており、そうした聖人に譬えられるべき仲麻呂の死去を痛む表現と言えよう。

しかし、仲麻呂は死去してはおらず、再び唐に戻って、清河とともに、玄宗に仕える日々になった。

「あまの原」の歌詠

李白の詩には月が出てくるが、ここで「はしがき」冒頭に掲げた仲麻呂の歌詠について考えてみたい。『古今和歌集《こきんわかしゅう》』では、歌詠の状況を説明した記述（左注）には、

この哥は、むかしなかまろをもろこしにものならはしにつかはしたりけるに、あまたのとしをへて、えかへりまうでこざりけるを、このくにより又つかひまかりいた

りけるにたぐひて、まうできなむとて、いでたちけるに、めいしうといふところのうみべにて、かのくにの人むまのはなむけしけり。よるになりて月のいとおもしろくさしいでたりけるをみて、よめるとなむかたりつたふる。

とある。

仲麻呂は遣唐留学生として入唐したまま、長年帰国することができなかったが、勝宝度遣唐使に随伴して帰国することになり、出立した。明州《めいしゅう》の海辺において、唐の人びとが餞宴を催してくれた時、夜になって月が大変風情のある様子であったので、この歌を詠んだと解説されている。

この左注に取材したと思われる『今昔物語集《こんじゃくものがたりしゅう》』巻二十四第四十四話「安陪仲麿、於唐読和歌語」には、明州での餞宴という設定は同様であるが、

夜ニ成テ月ノ極ク明カリケルヲ見テ、墓無キ事ニ付テモ、此ノ国ノ事思ヒ被出ツヽ、恋ク悲シク思ヒケレバ、此ノ国ノ方ヲ詠メテ、此ナム読ケル。

と、さらに仲麻呂の心情に踏み込んだ説明がなされている。

また『古本説話集《こほんせつわしゅう》』上巻四十五話では、

今は昔、安倍中麿が、唐土に使にて渡りけるに、この国の、はかなきことにつけて、

思出でられて、恋しく悲しくおぼゆるに、月のえもいはず明きに、この国の方をながめて、思ひすまして詠める。

として掲げられる。「あまの原」の歌を示した後に、「詠みて泣きける」と記されており、仲麻呂の帰国の試みとの関係、餞宴での場面云々ではなく、単なる望郷の歌として位置づけられていることになる。『今昔物語集』でも歌詠の後に「ト云テナム泣ケル」とあるので、『古今和歌集』左注と『古本説話集』の心情解説とを折衷したような形になっていることがうかがわれる。

歌詠の成り立ち

「あまの原」の歌が詠まれた場面にはいくつかの解釈があるようで、「はしがき」でも触れたように、『古今和歌集』での配置についても、餞宴ならば「離別部」に配されるべきところを、なぜ「羈旅部《きりよ》」冒頭に置かれているのか、内容的には日本と中国、過去と現在の月が二重写しになっており、遂に帰国することがなかった仲麻呂の望郷の念が凝縮されたものになっているという疑問が呈示されている（吉海直人『百人一首で読み解く平安時代』）。

そうした文学的観点からの批判とともに、上述の『唐大和上東征伝』によると、勝宝度遣唐使は蘇州から出発したはずであるから、そもそも明州で歌詠するのはおかしく、

『古今和歌集』左注の明州云々は虚構であるという指摘もなされている（杉本直治郎『阿倍仲麻呂伝研究〈手沢補訂本〉』）。後代の藤原公任《きんとう》撰『和漢朗詠集《わかんろうえいしゅう》』巻上では、「月」との関連なのか、この歌を秋のところに掲げているが、上述のように、出発は十一月十五日で、冬であった。

『古今和歌集』左注は当初からあったものではなく、藤原公任がつけたとする説もあるらしく、そうなると、必ずしも確説とは言えなくなる。また治承《じしょう》元年（一一七七）成立の藤原教長《のりなが》撰『古今和歌集注』の仁治《にんじ》二年（一二四一）古写本（京都大学蔵）には、

アマノハラフリサケミレハカスカナル　ミカサノ山ヲイテシツキカナ

と、「山ヲ」となっていたことも知られ（杉本直治郎『阿倍仲麻呂伝研究〈手沢補訂本〉』）、今日に伝わる『古今和歌集』の成立過程そのものとも関連し、複雑で軽々には判断できない問題が存するようである。

それゆえに、この歌には実作説のほかに、「はしがき」でも触れた紀貫之《きのつらゆき》による偽作・仮作説や伝承歌説のような非実作説があり、さらには原漢詩説、つまり仲麻呂が賦した漢詩をもとに和歌に翻訳されたとする考え方もあるという（上野誠『遣唐使阿倍仲麻呂の夢』）。以上のように、「あまの原」の歌は実は多くの問題を含んでおり、通説的理解、

仲麻呂が餞宴で詠じたとする単純な説明だけで済まないものがあるらしい。

この点についてはここでは問題の所在のみを整理し、解明は後考に委ねたいが、遣唐使の進発地に関して、若干の知見を付加しておきたい。上述の平群広成の帰朝報告では、天平度遣唐使は蘇州から解纜《かいらん》したとあり、今回も鑑真らが蘇州で乗船したことはまちがいない。ただ、上述のように、その後いくつかの経緯があり、出発までには半月ほどを要し、その際にどこから入海したかは必ずしも自明ではないと思われる。

遣唐使の入海地点

やや後のことになるが、延暦度遣唐使は副使石川道益《みちます》の第二船が明州に到着、帰路は福州《ふくしゅう》に到着していた第一船ともども、やはり明州から進発して帰朝している（『日本後紀』延暦二十四年六月乙巳条）。『唐大和上東征伝』によると、明州は開元二十二年（＝天平六）に越州の一県を分立したもので、計四県からなるという。鑑真が最初に日本行きを試みた時には、舟山群島《しゅうざんぐんとう》から明州に吹き戻されており、明州は日本方面への渡航の最終地点にあったと目される。

普照は越州から到来して遣唐使船に乗船したとあるが、九世紀末成立の藤原佐世《すけよ》撰『日本国見在書目録《にほんこくげんざいしょもくろく》』、すなわち遣唐使などによる漢籍収集の成果をうかがわせる史料のなかには、『揚州図経』とともに『越州府図』もあり、遣唐使の時代には日本と越州のつながりが深く（藤善眞澄「入唐僧と杭州・越州」）、越州・明州付近は早くから日本側にも注目されていた。後代の高丘《たかおか》（岳）親王（真如《しんにょ》）や入宋僧成尋《じょうじん》もまずは明州に来着しており（『頭陀親王入唐略記《ずだしんのうにっとうりゃっき》』、『参天台五臺山記《さんてんだいごだいさんき》』巻一）、そのうえで越州への入城を指示されている。

以上を要するに、遣唐使船への乗船は蘇州であったとしても、その後越州を経て明州に至り、ここが日本への最終的な出帆地であった可能性はあるということである。とすると、明州での最後の餞宴が開催されて、その場での歌詠が「あまの原」の歌として伝えられているとも考えられるとしておきたい。明州は後には寧波《にんぽー》として知られ、九世紀中葉以降の唐・宋商人の来航（森公章「大唐通事張友信をめぐって」）、さらには日明貿易の拠点として、日本との通交に重要な役割を果たした地であるから、そうした後代の状況を反映した作歌設定だと言われれば、それまでではある。

第五　伝奇世界での姿

一　鬼になった阿倍仲麻呂

真備との再会

勝宝度遣唐使《けんとうし》の副使吉備真備《きびのまきび》はかつて霊亀《れいき》度の留学生《るがくしょう》として阿倍仲麻呂の同輩であり、今回は遣唐使官人として二度目の入唐であった。こうした事例はいくつかあり、遣隋留学生の薬師恵日《くすしのえにち》は第一回遣唐使と白雉《はくち》五年（六五四）の遣唐使として、計三回も中国に渡っている。そのほか、遣隋留学生高向玄理《たかむこのくろまろ》は白雉五年の押使、白雉五年の留学僧道観《かん》＝粟田真人《あわたのまひと》は大宝《たいほう》度の執節使《しっせつし》になっており、勝宝度のもう一人の副使大伴古麻呂《おおとものこまろ》も、石山寺蔵《いしやまでら》『遺教経《ゆいぎょうきょう》』奥書《おくがき》を「朋古満」と釈読して、大伴古麻呂に比定する説に従えば、天平《てんぴょう》度に朋古満と称して入唐した経験があることになる。

上述のように、宮殿内の観覧や遣唐使人の鑑真《がんじん》のもとへの来訪では、真備が仲麻呂とともに行動していたことがうかがわれ、二人は旧懐を暖め合ったことと思われる。このことに想を得たのか、院政期の大江匡房《おおえのまさふさ》の『江談抄《ごうだんしょう》』第三巻一話「吉備入唐間事」、それを絵巻化した『吉備《きび》大臣入唐《だいじんにっとう》絵巻《えまき》』には伝奇的な説話が描かれている（小峯和明『遣唐使と外交神話　『吉備大臣入唐絵巻』を読む』）。

大江匡房（一〇四一―一一一一）は菅原《すがわら》氏と並ぶ学問の家系の出身、後三条《ごさんじょう》・白河《しらかわ》・堀河《ほりかわ》の三天皇の東宮学士《とうぐうがくし》を務め、正二位権中納言を極位・極官とする。源高明《みなもとのたかあきら》撰『西宮記《さいきゅうき》』、藤原公任《きんとう》撰『北山抄《ほくざんしょう》』とともに三大儀式書とされる『江家次第《ごうけしだい》』や『本朝神仙伝《ほんちょうしんせんでん》』『続本朝往生伝《ぞくほんちょうおうじょうでん》』などさまざまな著作がある。『江談抄』は『水言鈔《すいげんしょう》』ともいい、匡房の談話を藤原通憲《みちのり》（信西《しんぜい》）の父である実兼《さねかね》（一〇八五―一一一二）が筆録したもので、六巻、四百五十五話が知られ、有職故実やさまざまな故事・雑記が収録されている。

吉備大臣入唐絵巻

同じく学者であった吉備真備には関心があったのか、『江談抄』第三巻二話「吉備大臣昇進事」もある。また三話「安倍仲麿読歌事」として、上述の「あまの原」の歌をめぐる談話が示されているが、これは後述することにしたい。

「吉備入唐間事」の内容を十二世紀後半に絵巻物に仕立てたのが『吉備大臣入唐絵巻』で、一巻、絵師は不明であるが、『彦火々出見絵巻《ひこほほでみえまき》』二巻、『伴大納言絵詞《ばんだいなごんえことば》』一巻とともに若狭《わかさ》国松永庄《まつながのしょう》新八幡社（福井県小浜市）に伝来したもので、後に朝廷に召し寄せら

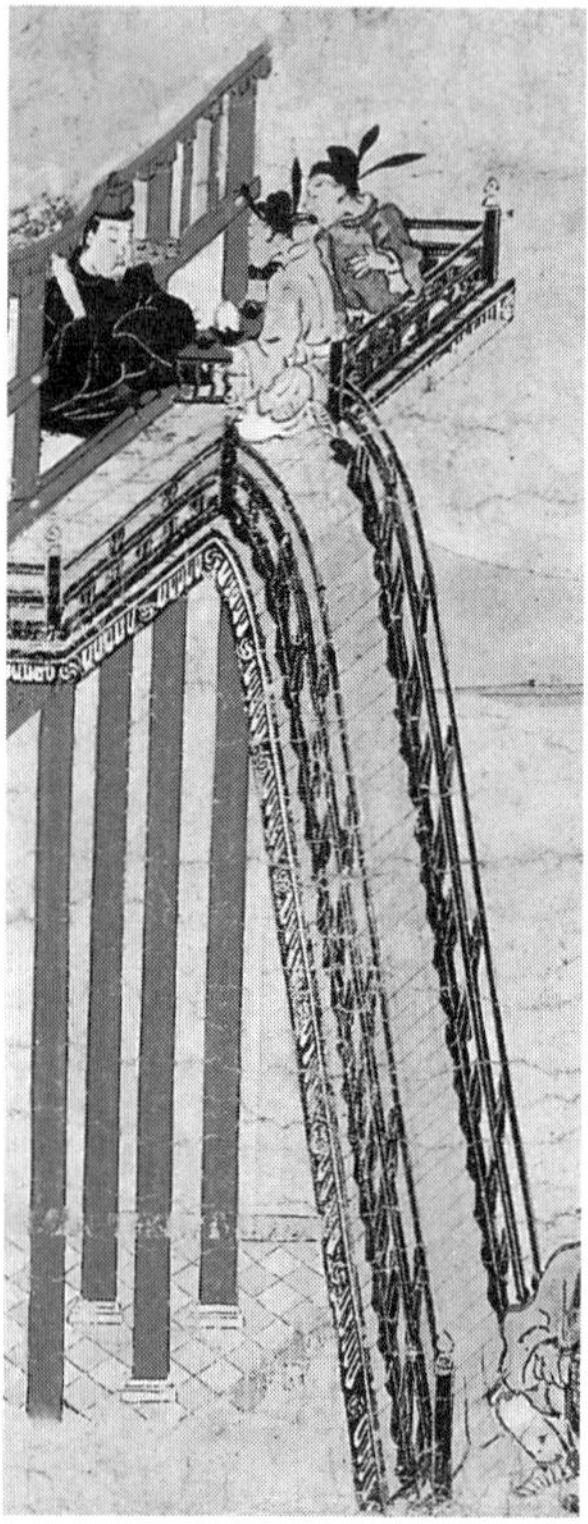

楼に幽閉された吉備真備

吉備大臣入唐絵巻（ボストン美術館所蔵）

鬼になった阿倍仲麻呂

『文選』の講義を聴く様子

飛行する真備と仲麻呂

れている（『看聞御記《かんもんぎょき》』嘉吉《かきつ》元年〈一四四一〉四月二十六日条）。これらの三つの絵巻は画風や詞書《ことばがき》の書風が相似しており、同一の絵師の作、後白河法皇の注文によって製作されたのではないかと考えられている（小松茂美編『吉備大臣入唐絵巻』）。

これらは寛永《かんえい》十一年（一六三四）に若狭小浜《おばま》藩主になった酒井《さかい》家の所蔵になり、『吉備大臣入唐絵巻』は大正十二年（一九二三）六月に酒井忠克《ただたえ》が売却、昭和七年（一九三二）にアメリカのボストン美術館の所有になって現在に至る。ボストン美術館所属になった後に四巻に仕立て直されたが、巻頭と巻末は欠落している（『江談抄』のⅠとⅤ～Ⅶに相当する部分）。

江談抄の話の概要

『江談抄』の「吉備大臣入唐事」は、Ⅰ吉備真備の入唐、Ⅱ楼上への幽閉、Ⅲ文選《もんぜん》の誦読《しょうどく》（暗誦して読む）、Ⅳ囲碁の勝負、Ⅴ野馬台詩《やまたいし》の釈読、Ⅵ日月の封じ込めと真備の帰国許可、Ⅶ大江匡房の評言の七つに区分され、吉備真備の入唐時の事績と唐人を超える学芸の力を称揚する内容になっている。

原文は長文にわたるので、以下、この七区分に基づいて、それぞれの部分をかいつまんで紹介しつつ、関連事項を説明する形で、伝奇世界における吉備真備の活動や阿倍仲麻呂の役割・位置づけを検討してみたい。

なお、真備の留学成果の関係史料として触れた『扶桑略記《ふそうりゃっき》』天平七年（七三五）四月辛

亥条には、

夫《そ》れ受くる所の業は、衆芸を渉《わた》り窮《きわ》めり。是《こ》れに由《よ》りて太唐留め惜しみて、帰朝を許さず。或《ある》記に云《いは》く、爰《ここ》に吉備窃《ひそ》かに日月を封じて、十箇日の間天下闇《くら》からしめ恠《かい》動《どう》す。占《うら》はしむるの処、日本国留学の人、帰朝すること能《あた》はずして、秘術を以て日月を封ぜり。勅して免宥せしめ、遂に本朝に帰る。

とあり、Ⅵに関わる話を天平度遣唐使に随伴して帰朝する際の出来事として叙述している。

『扶桑略記』の真備に関する記述は、弘仁《こうにん》二年（八一一）成立の『歴運記《れきうんき》』（ほとんどが散逸）、またはそれに類する真備の伝記に依拠したものと考えられているが、Ⅵ以外の部分は『江談抄』との対応が不明で、また勝宝度遣唐使としての到来と語られる場面とも相違するものであるから、その連関は不詳とせねばならない。

真備の来唐

『江談抄』の「吉備大臣入唐事」では、まずⅠの冒頭に「吉備大臣入唐して道を習ふ間、諸道・芸能博《ひろ》く達《いた》り、聡恵《そうけい》なり」とあり、これは霊亀度の留学生としての学修の成果を反映するものであろう。その吉備真備が勝宝度の遣唐使官人として再び唐にやってくるので、唐側では「唐土の人頗《すこぶ》る恥づる気有り」、唐人を上回り、唐にとっては「恥」

となるような恐るべき学識を有する存在として迷惑な事柄であったのである。

そこで、唐側ではこれを「安からぬ事」であるが、相談の結果、「偏《ひと》へに殺さば不忠なり。帰さばまた由《よし》なし。留まりて居《お》らば、我らのために頗る恥有りなん」と、あからさまに誅殺すると、それは外国使節を殺害したということで、皇帝に対して不忠になるし、生きて日本に帰すこともできない。またもし真備が唐に滞留すれば、唐人、特に学芸に従事する者にとっては唐側の学力が劣ることが明白になり、「恥」になるというジレンマがあることがわかった。

仲麻呂、鬼になる

そこで、日本使人＝真備が到来したら、詳しい事情を説明せずに、楼に登らせて、これを居所とすることを計画する。この楼は「件《くだん》の楼に宿る人、多くはこれ存《あ》り難《がた》し」と、ほとんどの人が生還できない不思議な場所で、まずはこの楼上への幽閉という試練を与えてみようとするのである。

次いでⅡ楼上の試練の場面になり、深夜になると、風が吹き、降雨のなか、鬼が出没する。真備は隠身《いんしん》の術で姿を見せずに鬼と会話し、日本の遣唐使人である旨を伝えると、鬼も「我もこれ遣唐使なり」と言い、談話を望んだので、真備は鬼形を改めてくるように告げ、鬼は衣冠《いかん》姿で戻ってきて、真備と会話することになる。

この鬼は「我が子孫の安倍氏は侍《はべ》るや。この事聞かんと欲《おも》ふ」と述べており、明記はされていないが、阿倍仲麻呂なのである。仲麻呂は「大臣」として唐に来たのに、この楼に幽閉され餓死し、鬼になったとある。ここには後に右大臣となり、「吉備大臣」と称される真備と、唐で名を馳せたとして真備と並称される仲麻呂を対等の「大臣」として描こうとする工夫が見られる。しかし、後述のように、仲麻呂は唐で客死したものの、幽閉されて餓死したというのは事実ではないし、そもそも勝宝度遣唐使到来の時点ではともに生存して再会しているので、まったくの虚構と言わざるを得ない。

ただ、ここで真備が阿倍氏の人びとのうち、七、八人の官界での活動などを教えたとあるのは、勝宝度での実際の会話の一部を示しているのかもしれない。鬼は自分の一族の消息を知りたかったのであるが、これまで楼上で怪死した人びとは、ただ鬼を恐れてその要望に応じることがなかったため、命を落としたのであった。ともかくも真備はこの鬼の難を逃れて、楼上で生存していたので、翌朝に食事を持参した唐人たちはこれを「稀有の事なり」と驚き、次なる手段として、真備の学芸を試問して、その不備を嘲笑しようとする。それが①文選、②囲碁、③野馬台詩である。

二　文選・囲碁・野馬台詩

まず①文選の誦読である。Ⅲでは鬼が真備のところに来て、唐側の次なる計略として、「日本の使の才能は奇異なり。書を読ましめてその誤りを笑はんとす」という情報を伝える。真備がその書名を尋ねたところ、鬼は「この朝の極めて読み難き古書なり。文選と号《なづ》くとて、一部卅巻、諸家の集の神妙の物を撰び集むるところなり」と答え、『文選』であることがわかった。

『文選』は中国南朝の梁《りょう》の昭明《しょうめい》太子撰、周《しゅう》から梁に至る美文約八百編を文体別・時代順に並べたもので、作詩・作文《さくもん》の基本文例集となるものである。日本の律令《りつりょう》法においては、養老令《ようろうりょう》の学令《がくりょう》では大学生《だいがくしょう》の正規の教科書には指定されていないが、経周易尚書条集解に引用された大宝令《たいほうりょう》の注釈書である古記《こき》に、「注、文選・爾雅《じが》亦読」とあるので、大宝令文では本注でいわば副教科書として挙げられていたことがわかる。

実際に進士《しんし》科の試験では養老令文でも『文選』『爾雅』の諳誦能力が問われており（選叙令《せんじょりょう》秀才進士条、考課令《こうかりょう》進士条）、正倉院文書《しょうそういんもんじょ》や平城宮跡出土木簡《もっかん》によると、天平期には広く書写・学習されていた様子が看取される（東野治之「奈良時代における『文選』の普及」）。ちなみに、新羅《しらぎ》では『文選』が正規の教科書に指定されていた（『三国史記《さんごくしき》』巻三十八職官上・国学条）。

文選の修得

『文選』は美文であり、試験にも用いられているから、難読であると考えられていたことはうかがわれるが、むしろ初学書的なもので、吉備真備や阿倍仲麻呂などは入唐留学以前に修得済みであったと思われる。ところが、Ⅲでは真備は『文選』を読んだことがなく、鬼である仲麻呂もその誦読を教えることはできないと描かれている。

鬼は真備を随伴して『文選』を講読する場に連れて行くので、そこで盗み聞きして修得するのはどうかと提案するが、真備は幽閉された楼から出ることができないと難渋した。しかし、鬼は「飛行自在之術」を会得しており、唐の儒者たち三〇人が終夜『文選』を講読している宮内の場所に真備を伴い、一夜にして真備は秘かに『文選』を修得することができた。

真備は鬼に古い暦十余巻を入手してほしいと伝え、その暦を反故紙《ほごし》にして、聞き覚えた『文選』の上帙の一巻を端々に三、四枚ずつ書かせ、一両日で誦読することができるようになった。そして、これらを楼上に散置して、唐側の到来を待つという準備を整え、真備を試問に来た唐人を困惑させたという。

唐側は真備が『文選』を知らず、誦読できずに恥をかくことを予想していたのに、真備は唐側の「この書はまた本朝にあるか」という質問に対して、

出で来たりてすでに年序を経たり。文選と号《なづ》けて、人皆口実と為して誦するものなり。

と、日本ではすでに久しく流布しており、皆が誦読していると嘯《うそぶ》き、唐人を退けることができた。

さらに対校のためと称して、唐側の『文選』一部三十巻を借り請けて書写し、これを日本に伝来するということまで実現している。このあたりには、上述のような、留学生吉備真備が諸書を求めて労苦した状況・事実が反映されているのかもしれない。

なお、天平度の真備の帰朝とともに来日した唐人袁晋卿《えんしんけい》は、

天平七年我が朝使に随ひて朝に帰せり。時に年十八、九、文選・爾雅の音を学び得たり、大学音博士《おんはかせ》と為る。後に、大学頭《だいがくのかみ》・安房守《あわのかみ》を歴す。

とある（『続日本紀《しょくにほんぎ》』宝亀《ほうき》九年〈七七八〉十二月庚寅条）。そして、宝亀九年に、宝亀度①に随伴して来日した唐使を賓待するためか、外国使節をもてなす玄蕃寮《げんばりょう》の長官になり、日本風の清村宿禰《きよむらのすくね》を賜姓《しせい》されたという。

来日時の年齢から考えて、袁晋卿は唐の太学などの修了者ではなく、一流の知識人とは言えないが、何と言ってもネイティブ・スピーカーであり、『文選』の中国音での誦読ができたことが評価され、招聘されたのであろう。それほどまでに日本側の『文選』や『爾雅』に関する希求が強かったことをうかがわせる事柄として、付加しておきたい（森公章「袁晋卿の生涯」）。

唐側は学問ではかなわなかったが、技芸ではどうかと、次に②囲碁の勝負が行われる。Ⅳには、「白石をば日本に擬《なぞら》へ、黒石は唐土に擬へて、「この勝負をもって日本国の客を殺す様を謀らんと欲ふ」」とあり、生死をかけた勝負が計画されていた。

ここでも真備は囲碁を知らなかったという設定であり、鬼に囲碁の概略を尋ねたうえで、楼の天井の組入を三百六十目に見立てて、一晩で修得してしまう。唐の名人を相手にした勝負では引き分けに持ち込むようにして、唐側の黒石一個を飲み込み、一手差で勝利を得ることになる。

唐側は石の数が不足していることに気づき、卜筮《ぼくぜい》により真備の詐手を察知し、下剤である呵梨勒丸《かりろくがん》を用いて排便のなかから黒石を探そうとするが、真備は止封の術で対抗し、ついに石は出てこなかったので、唐側も負けを認めざるを得なかった。

この後、唐側は真備を楼に閉じ込め、食事を与えなかったが、鬼が毎夜食事を差し入れてくれたので、数月を生き延びることできたという。

野馬台詩の釈読

そして、③野馬台詩の釈読である。Vによると、唐側はどうも鬼や霊人などの助力があると察知し、これを退けるために、高名智徳で秘密の行法を行う宝志《ほうし》に命じて、結界を張り、ある文章を作成し、真備に読み解かせようとする。今回は①の『文選』の時のように、鬼の力を借りて事前に学修することもできない。

術策尽きた真備は、楼から下されて皇帝の面前でその文章を読むことになるが、まず目が暗んで文字が見えない。そこで真備が日本の神仏、住吉大明神《すみのえだいみようじん》（遣唐使船の祭祀にも関係する海神）と長谷寺《はせでら》観音（観音は航海神でもある）に祈ったところ、目が明るくなり、文字は見えるようになったが、読解は一向に進まない。そこに蜘蛛が一匹、文章の上に落ちてきて、糸を引いて移動するのを見ていると、その順序で読むと、文意がわかり、ついに釈読することができたのである。

これは梁代の禅僧で、預言や讖緯説《しんいせつ》にも通じた宝志《ほうし》和尚（四一八―五一四）が作ったとされる野馬台詩（野馬台讖）のことで、まったく時代が異なる宝志がここに登場するのは、物語ならではの融通無碍なところである。野馬台詩は一種の廻文詩《かいぶんし》で、五言二十四句から構

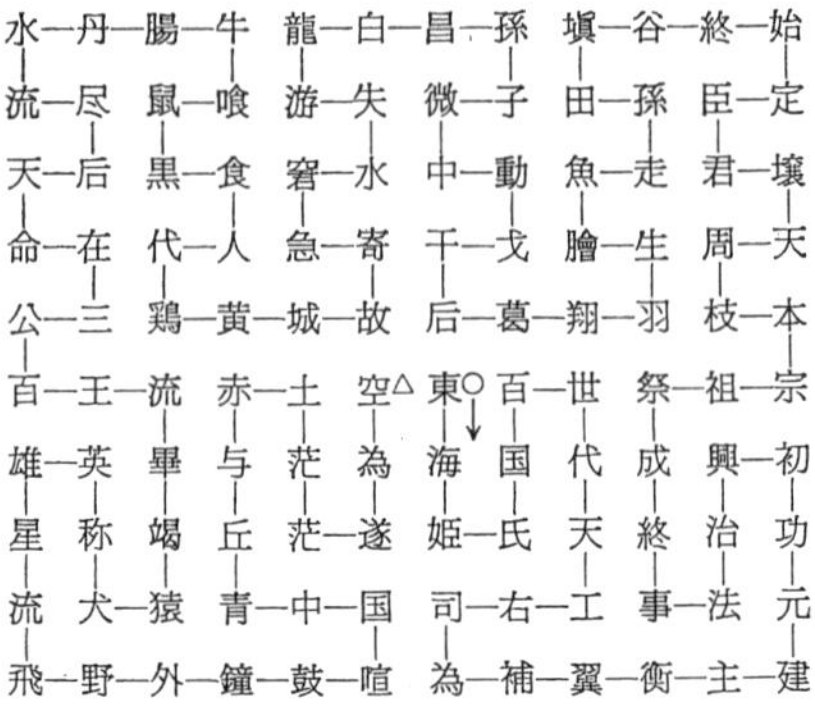

東海姫氏国、百世代天工、右司為輔翼、衡主建元功、初興治法事、終成祭祖宗、本枝周天壌、君臣定始(治)終、谷塡田孫走、魚膾生羽翔、葛後干戈動、中微(徴)子孫昌、白竜(滝)游失水、窘急寄故(胡)城、黄鶏代人食、黒鼠喰牛腸、丹水流尽後、天命在三公、百王流畢竭、猿犬称英雄、星流飛野外、鐘鼓喧国中、青丘与赤土、茫々遂為空。

野馬台詩図と釈文（篁久美子「“野馬台誌”のいたずら」『日本史研究』299，1987年より）

成されており、「東海姫氏国」、つまり日本が百王、百代の天皇で尽きるという末法《まっぽう》思想《しそう》的な内容になっている。日本では三善清行《みよしのきよゆき》（八四七―九一八）の「善家秘記《ぜんかひき》」や『日本《にほん》書紀私記丁本《しょきしきていほん》』の承平《じょうへい》六年（九三六）の日本書紀講書《こうしょ》に引用されており、十世紀前半には確実に存在していたようであるが、宝志に仮託して日本で偽作されたものと考えられている（篁久美子「〝野馬台詩〟のいたずら」、小峯和明『予言文学が語る中世―聖徳太子未来記と野馬台詩―』）。

三　仲麻呂の位置づけ

真備と仲麻呂

結局のところ、真備は唐側の三つの試練をクリアしてしまった。Ⅵでは唐側は真備を楼に幽閉し、餓死させようとするが、真備は鬼に百年を経た双六《すごろく》の筒《どう》と簺《さい》と盤を求め、簺を枰《へい》（双六盤）の上に置いて筒で覆い、日月を封じ込めるという秘法を用いて対抗する。唐では、

唐土の日月封ぜられて、二、三日ばかり現れずして、上は帝王より下は諸人に至るまで、唐土大いに驚き騒ぎて、叫喚《さけ》ぶこと隙なく天地を動《とどろ》かす。

という大騒動になった。

唐側は日月を封じ込めた術者の所在を占ったところ、真備のいる楼の方角であることが判明したので、真備に質問するが、真備は、

我は知らず。もし我を強く寃陵《えんりょう》せらるるによりて、一日、日本の仏神に祈念するに、自ら感応《かんのう》有るか。我を本朝に還させらるべくは、日月何ぞ現れざらんや。

と答えたので、唐側もついに降参し、真備は無事帰国することができたという。

伝奇物語の背景

以上の話は日本側の吉備真備が唐人の奸計を打ち破るという内容で、日本が唐に優るという考え方を反映しているが、これは遣唐使による唐文化の全面的移入という方策から潮目が変化する様相を展望させる。この点については後述することにし、ここでは阿倍仲麻呂が変じた鬼はいろいろと唐側の動きを教えてくれたり、真備が希望する物品を調達してくれたりはするものの、①の局面以外ではあまり役立っていないように描かれている点にも留意したい。

その①では「我は叶はじ」と、『文選』そのものを誦読することができず、③でも「今度議る事有るも、我が力は及ばず」と、宝志の法力に対抗する霊力を発揮できていない。あるいは皇帝とのパイプ役ではあるが、実際の権力は持たず、情報伝達や日本側の希望聴聞までが役割で、玄宗の裁下に依存せざるを得なかった仲麻呂の姿を反映しているのかもしれない。

Ⅶによると、大江匡房はこの話を外祖父である橘《たちばなの》孝親《たかちか》から先祖の語り伝えとして聞いたというが、「我が朝の高名はただ吉備大臣に在り」と、もっぱら吉備真備を称揚する論調になっている。そこには上述の唐を超えたという意識とともに、唐皇帝に仕えて帰国しなかった阿倍仲麻呂よりも、留学を完遂して帰朝、祖国に貢献した真備の方を高く評価するという時代の風潮があったのではないかと指摘されるゆえんである（杉本直治郎『阿倍仲麻呂伝研究〈手沢補訂本〉』）。そうしたなかで、仲麻呂は真備の引き立て役として、狂言回しの働きをさせられているのであり、これも伝奇的物語の世界での阿倍仲麻呂の役柄の一つとして認知しておきたい。

歌詠の忌避

仲麻呂に対する評価の姿勢として、同じく『江談話抄』第三巻三話「安倍仲麿歌を読む事」にも触れておきたい。これは永久《えいきゅう》四年（一一一六）三月に、ある人物が中原師遠《なかはらのもろとお》に対して、仲麻呂は渡唐の後に帰朝せず、唐土の楼上で餓死、鬼形になって現じ、吉備真備に唐土の事を教えたなど、伝奇物語として語られ、

仲麿は帰朝せざる人なり。歌を読むこと禁忌有るべからずといへども、なお快《こころよ》からざるか、いかん。

と発問する話である。

つまり、「あまの原」の歌詠をめぐって、唐において異国のものである歌を詠むという行為について、禁忌、不快、不吉の対象となるかどうかを疑っているのである。この点に関して、師遠の子師清《もろきよ》は、

件《くだん》の歌は、仲丸の読みし歌と覚え候ふ、遣唐使にやまかりたりし。唐にて読めるか、

いかん。何事にまかりたりしぞ。禁忌有るべきことか。

という見解を示したと見える。十二世紀頃にはこのような評価もあったことがわかり興味深い。

そのほか、仲麻呂が登場するものではないが、物語類のなかでは古手の『竹取物語《たけとりものがたり》』（九世紀末頃成立）と『宇津保物語』（十世紀後半に成立）におけるモチーフとしての仲麻呂の痕跡を指摘しておきたい。『竹取物語』にはかぐや姫が五人の求婚者たちに難題を提示、彼らはことごとく失敗し、求婚を断念する話がある。そのなかの第三の難題物には、右大臣阿倍御主人《あべのみうし》が登場する。御主人は布勢《ふせ》系の阿倍氏で、天武《てんむ》・持統《じとう》・文武《もんむ》朝に活躍し、実際に右大臣になった人物である。ここでは「財豊かに家広き人にはおはしけり」と描かれ、来航した唐船《からぶね》に家臣の小野のふさもり（房守）という者を乗船させ、兼ねてから知己の唐商人王慶《おうけい》のもとに金と手紙を届け、かぐや姫から課せられた「火鼠《ひねずみ》の皮衣《かわごろも》」を入手しようとしている。

第四の難題物に登場する大納言大伴《おおともの》御行《みゆき》も御主人と同じ頃の実在の人物で、こちらは「龍の頸の玉」を求めて難波津《なにわつ》から出帆するが、暴風に遭い、「南海の浜」に吹き寄せられるような恐怖を味わうことになる。ただ、漂着したのは播磨《はりま》国明石《あかし》の浜で、わずかばかりの航海であった。これらの話には唐との通交や遣唐使船の漂蕩の労苦などが反映されているとされ（河添房江「遣唐使と唐物への憧憬」）、場面設定には遣唐使の記憶が織り込まれていると言えよう。

『宇津保物語』は清原王《きよはらおう》の子俊蔭《としかげ》が渡唐するところから物語が始まる。前半部分の主人公である俊蔭は十六歳で遣唐使の一員に選定されたといい、この年齢設定は阿倍仲麻呂との関連を想起させる。また波斯《はし》国への漂流と辛苦ぶりは、天平度遣唐使、勝宝度の仲麻呂などの事例に取材したところも看取され、断片的で、必ずしも自覚的ではないかもしれないが、こうした点にも仲麻呂の記憶が後世の物語に与えた影響を読み取ってみたい。

第六　晩年と死

一　安史の乱勃発

安史の乱とは

勝宝度遣唐使第一船の漂蕩《ひょうとう》により阿倍仲麻呂と藤原清河《ふじわらのきよかわ》（河清《かせい》）が唐に戻ってしばらくすると、唐代の歴史を二分する大事件である安史《あんし》の乱（七五五―七六三年）が勃発する。その首謀者である安禄山《あんろくざん》は突厥《とっけつ》人を母とし、ソグド人を父に持つ人物で、後に母が突厥人の安廷偃《ていえん》に嫁したので、安姓を名乗るようになった。史思明《ししめい》は安禄山の腹心で、やはり突厥系である。

安禄山が唐の朝廷で勢威を扶植した一因として、阿倍仲麻呂と同様に、玄宗《げんそう》の異国趣味があった。禄山は幽州《ゆうしゅう》節度使《せつどし》の張守珪《ちょうしゅけい》のもとで功績を挙げ、彼の養子（仮子）になり、天宝《てんぽう》元年（七四二＝天平《てんぴょう》十四）に平盧《へいろ》節度使に任じられ、玄宗および楊貴妃《ようきひ》と関係を形成していく。禄山はさらに范陽《はんよう》（幽州）節度使、河東《かとう》節度使をも兼帯し、長安《ちょうあん》・洛陽《らくよう》から東

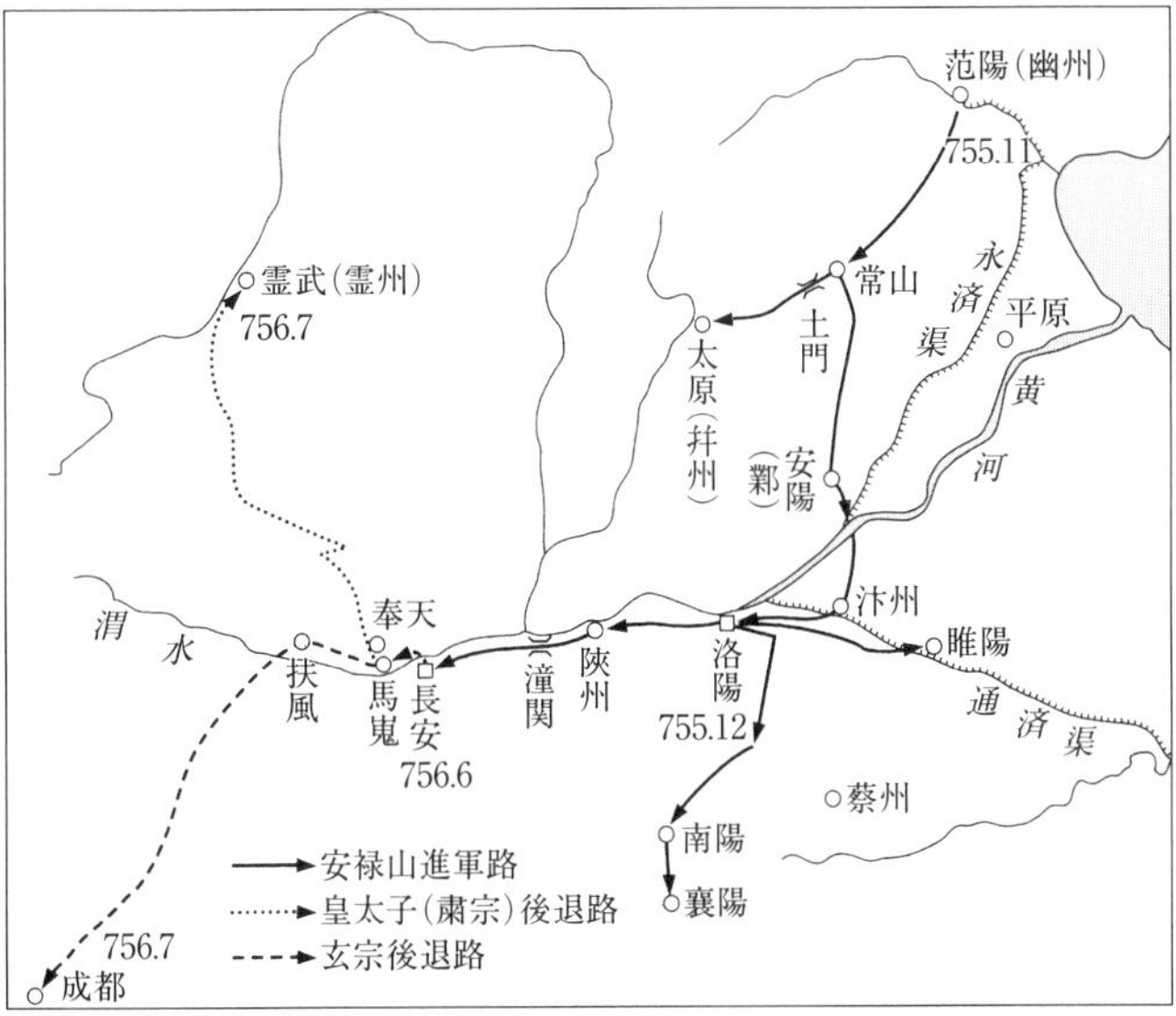

安史の乱の関係略図（気賀澤保規『中国の歴史06　絢爛たる世界帝国　隋唐時代』講談社，2005年，101頁より）

北方面に強大な軍事力を入手することになる。

そして、天宝一四載（＝天平《てんぴょう》勝宝《しょうほう》七）十一月九日、楊貴妃のいとこにあたる楊国忠《こくちゅう》を君側の奸と指弾し、その討伐を名目に反乱を起こし、十二月十三日には洛陽を陥落、翌年正月一日に大燕《だいえん》皇帝と自称し、六月には長安に侵攻、玄宗は長安を脱出して西走せざるを得なくなった。ここで同行する禁軍の兵士らは、唐王朝の混乱の原因として楊貴妃一族の罪は大きいと考え、楊国忠を殺害、玄宗に迫って楊貴妃を絞殺させる。

乱の推移

玄宗は時に七十二歳、七月には皇太子李亨《りこう》が霊武《れいぶ》（寧夏回族《ねいかかいぞく》自治区）で即位、粛宗《しゅくそう》（在位七五六―七六二）となって、人心を集結させ、乱平定の先頭に立つことになる。成都《せいと》に逃走した玄宗は、これを事後承認するしかなかった。粛宗はウイグル（回紇）の兵力を借りて、安禄山の軍に対抗する方途を選ばざるを得なかったので、以降は異民族の侵入が絶えず、唐滅亡の要因になっていく。

至徳《しとく》二載（七五七＝天平宝字《てんぴょうほうじ》元）正月、安禄山は後継者をめぐる争いにより息子の安慶緒《けいしょ》に殺害されてしまう。唐軍は長安を奪回、さらに洛陽に進撃し、安慶緒を追い出すが、乾《けん》元《げん》元年（七五八）九月には史思明の軍隊が南下、翌年三月に唐軍は安陽《あんよう》（相州）で敗北する。洛陽に進出した史思明は大燕皇帝を称したが、上元《じょうげん》二年（七六一）三月、やはり後継者争いにより息子の史朝義《ちょうぎ》によって暗殺される。そして、宝応《ほうおう》元年（七六二）四月には粛宗が死没、即位した代宗《だいそう》（在位七六二―七七九）のもと、唐軍が反撃に転じ、広徳《こうとく》元年（七六三）正月にようやく史朝義を范陽《はんよう》の東方で自殺に追い込み、安史の乱は収束した（氣賀澤保規『中国の歴史06 絢爛たる世界帝国 隋唐時代』）。

東アジア諸国の対応

安史の乱に際しては、従前から唐と安定した関係を築いていた新羅《しらぎ》は、遣使入貢し、玄宗のいる成都において元日朝賀《がんじつちょうが》の礼をとったという（『新唐書《しんとうじょ》』新羅伝）。渤海《ぼっかい》に関しては、乾元元年四月に史思明と戦闘中の安東都護王玄志《あんとうとごおうげんし》からの使者が到来し、詳細な経緯に関する情報が伝達されているが、渤海は自ら事態を掌握するために使人を派遣して情勢の推移を見守るという慎重な姿勢をとっている。

日本で安史の乱のことが知られるようになったのは、この渤海に派遣されていた小野《おのの》田守《たもり》の帰国によってであり、天平宝字二年（七五八）末のことであった（『続日本紀《しょくにほんぎ》』天平宝字二年十二月戊申条）。朝廷では大宰府《だざいふ》に勅《ちょく》を下し、

安禄山は是《こ》れ狂胡の狡竪《こうじゅ》なり。天に違《そむ》きて逆を起す。事必ず利あらじ。疑はくは、是れ西することを計ること能《あた》はずして、還りて更に海東を掠《かす》めむことを。

と、東方への侵掠を警戒すべきことを伝達している。当時の大宰帥《だざいのそち》は船王《ふねおう》、大弐《だいに》は吉《き》備真備《びのまきび》であり、真備は軍略にも通じていたから、守備面での心配はないと判断されたという。

この安史の乱に関連しては、日本では八世紀に入ったところから新羅側の朝貢《ちょうこう》から亢礼《こうれい》への対外姿勢の変化によって、しばしば外交儀礼の紛擾が起きていたので、時の権力者藤原仲麻呂《なかまろ》が渤海との提携を視野に入れながら、新羅征討計画を発動したことが注

目される（天平宝字三年六月壬子・九月壬午条、同五年正月乙未・十一月丁酉条など）。当初は唐との関係が不安定であった渤海も加担しそうであったが、渤海が唐との関係を修復すると、渤海の参加は見込めず、国内的には藤原仲麻呂の専制権力強化に資するところがあったものの、天平宝字八年九月の藤原仲麻呂の乱によって計画は消滅する（岸俊男『藤原仲麻呂』、木本好信『藤原仲麻呂』）。

遣唐使の派遣

そして、日本の対応策としてもうひとつ、宝字度①遣唐使の派遣に注目したい。これは遣渤海使《けんぼっかいし》小野田守の帰朝に随伴して来日した渤海使楊承慶《ようしょうけい》の帰国に同行したもので、天平宝字三年正月に任命、渤海路経由で入唐することを企図している。入唐の目的は「迎入唐大使使」、すなわち唐に滞留している勝宝度遣唐使の大使藤原清河（河清）を帰国させることである。

清河は北家《ほっけ》、当時権力を掌握していた南家《なんけ》の藤原仲麻呂には競争相手になる人物であったが、両者を甥として愛しむ光明《こうみょう》皇太后の願望に従ったものと考えられる。一行は次のような構成で、「二十年一貢」の本格的な遣唐使とは異なる形態であったことがわかる。

迎入唐大使使　正六位上高元度《こうげんど》

判官《ほうがん》　内蔵忌寸全成《くらのいみきまたなり》
録事《ろくじ》　正六位上建必感（建部人上《たけるべのひとかみ》）・羽栗《はぐり》　翔《かける》
雑使　従八位下秦《はた》育・白牛養
諸使　従六位下秦海魚
傔人《けんじん》　従七位下建雄貞、従八位下紀朝臣《きのあそん》貞

判官内蔵全成は状況報告のため渤海から帰朝し、高元度ら十一人が入唐したという（『続日本紀』天平宝字三年十月辛亥条）。彼らは渤海から唐に入り、登州を経由して長安に向かったことが、後代の円仁《えんにん》が書写していた開元寺《かいげんじ》仏殿西廊外の僧伽《そうぎゃ》和尚堂内の北壁上に記された西方浄土および補陀落《ふだらく》浄土図の願文《がんもん》によって知られる（『入唐求法巡礼行記《にっとうぐほうじゅんれいこうき》』巻二開成《かいせい》五年〈八四〇〉三月七日条）。唐では清河のほかに、阿倍仲麻呂もなお皇帝の側近にあって、日本からの使人到来、帰国の可能性に色めき立ったことであろう。

しかし、粛宗の判断は慎重を期するものであった。内使《ないし》を派遣して高元度に伝えた勅には、

特進秘書監《とくしんひしょかん》藤原河清、今使の奏するに依《よ》りて、帰朝せしめむとす。唯《ただ》恐るらくは、残賊未《いま》だ平がずして道路難多からむことを。

帰国はかなわず

とあり（『続日本紀』天平宝字五年八月甲子条）、確かにこの時点では安史の乱はまだ平定途上で、特に東方への帰還には道中の危険が予想される。

高元度は蘇州《そしゅう》から進発し、この時に唐側は押水手官越州浦陽府折衝府《おうすいしゅかんほよう》の沈惟岳《しんいがく》ら九人と水手越州府別将の陸張什《りくちょうじゅう》ら三〇人を差遣し、日本の大宰府まで同行させている。肅宗はまた、兵仗《ひょうじょう》の様（ためし。見本、サンプル品）として甲冑《かっちゅう》一具・伐刀一口・槍一竿・矢二隻を賜与し、安史の乱鎮圧で不足する武器の製作と送付を依頼したらしい。なお、阿倍仲麻呂の傔人であった羽栗吉麻呂《よしまろ》の子息のうち、今回録事として入唐した羽栗翔は、清河のもとに留まって帰国しなかったといい、そこには知己の仲麻呂の存在、唐で生まれた翔にはこちらの方が故郷であるという感覚や、あるいは老年となった母の存在などの要素もあったのかもしれない。

日本側では唐から依頼された武具の進上、また来日した唐人水手らの帰還のため、宝字度②遣唐使の派遣が計画されたが、これは当初の四船派遣が二船に縮小され、ついには、

唐国荒乱して、両家雄を争ふ、平殄《へいてん》期せず、使命通《つう》し難し。

と、なお安史の乱の収束・余燼が不透明な状況にあるとして、派遣が中止になってしまう（『続日本紀』天平宝字七年正月庚申条）。唐人水手の沈惟岳らに対しては、帰国を希望する

者には駕船・水手を給付して発遣させると告げたが、彼らは安全な日本に留まる道を選択し、在日唐人として滞留することになる（森公章「古代日本における在日外国人観小考」）。したがって日本からの遣唐使到来はなく、藤原清河、阿倍仲麻呂は唐での生活を続けざるを得なくなり、帰国への展望は当面遠のいてしまった。

二　安南への赴任

安南志略の記載

阿倍仲麻呂の官歴では、上元《じょうげん》年中（七六〇—七六二）、粛宗により左散騎常侍《ささんきじょうじ》（従三品）に任じられ、門下省《もんかしょう》の属官《ぞっかん》として、皇帝に近侍して諫言・顧問を行う役務に就いていた。また同時期に鎮南都護《ちんなんとご》（正三品）になったといい、これは現在のベトナム地域にあたる鎮南（安南《あんなん》）の異民族の撫民や国境警備などを担当する鎮南都護府の長官である。

仲麻呂は時に六十歳を超えており、安南に赴任したか否かは疑問もある。さらに永泰《えいたい》二年（七六六）には代宗により安南都護に任じられたといい、これはこの間における鎮南→安南の名称変更に伴うものと見られる。では、仲麻呂はいつ安南に赴任したのか、それとも赴任しなかったのか、赴任したとすれば、事績はどうであろうか。この点については、『安南志略《しりやく》』巻九の記述が注目される。

朝衡《ちょうこう》、日本人にして、開元中、奉幣来朝す。中華の風を慕ひ、因《よ》りて留まりて名を改めて朝衡と為し、中国に歴仕す。永泰二年、安南都護と為る。時に生蛮、得〔徳〕化・龍武の二州の境を侵す。朝衡に詔して往《ゆ》きてこれを労す。

冊府元亀の記事

ただし、『安南志略』は黎崱《れいしょく》撰、元代の十四世紀前半の成立であり、後代の編纂書という位置づけになる。そこで、諸書を渉猟してその出典を博捜した結果、『冊府元亀《さつぷげんき》』巻百七十帝王部来遠・巻九百七十七外臣部降附に次のような記事があることが判明している（杉本直治郎『阿倍仲麻呂伝研究〈手沢補訂本〉』）。

永泰二年六月、安南の生蛮大首領林覩符《りんとふ》部落、新たに徳化州を置き、戸一万六百を管す。潘帰国《ばんきこく》部落、新たに龍武州を置き、戸一千五百を管す。安南節度使・左散騎常侍韓〔周〕衡、恩を宣し、これを労徠す。

ここに登場する「韓〔周〕衡」は「朝衡」の誤記で、これこそが仲麻呂が安南の蛮族を鎮撫し、二州設置の功績を挙げたことを示すと解せられることになる。とすると、仲麻呂は上元年中から安南の地にいたものと考えられ、当地の慰撫に活躍していたのである。おそらくは宝字度①遣唐使到来の前後に赴任したものと推定され、仮に宝字度②遣唐使が到来していたとしても、仲麻呂には帰国の機会はなかったのではないかと思われる。羽栗翔が清河のもとに留まったというのは、仲麻呂の長安不在のためであったとすれば、この赴任時期比定を傍証するものと言えよう。

仲麻呂の帰京

『旧唐書《くとうじょ》』巻十一代宗紀・大暦《だいれき》二年（七六七）七月十九日条には、杭州《こうしゅう》刺史《しし》張伯儀《ちょうはくぎ》を安南都護としたとあるから、仲麻呂はここで安南都護を解任され、長安に戻ることになる。時に六十七歳、老年になっての地方勤務と成果は、仲麻呂の統治能力を示すものとなった。

長安に戻った仲麻呂は、清河とともに、入唐宿衛していた新羅王子金隠居《きんいんきょ》の帰郷に付託して、新羅経由で日本への書状伝達を試みている。この書状は神護景雲《じんごけいうん》三年（七六九）十二月に大宰府に来航した新羅使金初正《きんしょせい》によって日本にもたらされ、次のように説明されている（『続日本紀』宝亀《ほうき》元年〈七七〇〉三月丁卯条）。

唐に在る大使藤原河清・学生朝衡等、宿衛王子金隠居の帰郷に属して書を附して郷親に送る。是《こ》れを以て、国王、初正等を差して、河清等の書を送らしむ。又使の次《ついで》に因《よ》りて、便に土毛《どもう》を貢す。

仲麻呂はあくまで「学生」、日本の遣唐留学生という位置づけであるが、書状は「郷親」、すなわち日本の両親や親族に宛てたものであった。上述のように、当時の日羅《にちら》関係は新羅の朝貢姿勢から亢礼への転換により悪化しており、今回も服属を示す「調」ではなく、単なる方物の献上である「土毛」の語を用いていたので、新羅使は大宰府から追却されることになるが、日本側では仲麻呂らの書状は受納しており、これが彼の日本への最後の通信になった。

こうした入唐宿衛の新羅王子への付託は、仲麻呂や清河も皇帝の側近にあって、外国の王族と交わりを結ぶことができるような生活をしていたことをうかがわせる。仲麻呂の晩年のくらしぶりを知る材料として留意したい。

三　仲麻呂の死

死去の年次

『古今和歌集目録《こきんわかしゅうもくろく》』の略伝によると、仲麻呂は大暦五年（＝宝亀元）正月に死去したとあるから、ちょうど金初正が来日して、日羅関係をめぐるやり取りが行われている頃、すでに仲麻呂は死亡していたことになる。享年は七十である。ただし、この間は日本と唐、新羅と唐の間の情報回路はなかったので、仲麻呂死去の通知が日本に届いたのは、宝亀度①遣唐使の帰朝時であったと考えられる。

仲麻呂が死去してからずいぶんと時間が経過しているが、遣唐使以外に通交手段がない段階、また日本側から見れば、一介の留学生に過ぎない仲麻呂に対する扱いとしては仕方がないのかもしれない。

死後の処遇

ただし、次のような破格とも言える措置が講じられている（『続日本紀』宝亀十年五月丙寅条）。

前学生阿倍朝臣仲麻呂、唐に在りて死せり。家口偏乏にして、葬礼闕《けつ》有り。勅して東絁《あずまのあしぎぬ》　一百疋《ひき》・白綿《はくめん》三百屯《とん》を賜る。

やはり「前学生」という扱いであるが、日本で葬儀を挙行する際に、仲麻呂の家族は少なく、充分な葬礼を営むことができなかったため、朝廷から費用を支弁する絁・綿が下賜されている。喪葬令《そうそうりよう》賻物《ふもつ》条によると、官人死去の際に死者に贈られる賻物は、正・従一位で絁三〇疋・布一二〇端・鉄一〇連、太政大臣には絁五〇疋・布三〇〇端・鉄一五連であるから、仲麻呂は優待されていると見ることができる。

この下賜品については、宝亀度①遣唐使に随伴して来日していた唐使の帰国、宝亀度②遣唐使の入唐に付託され、唐にいる仲麻呂の遺族に給付されたとする説も有力であるが（杉本直治郎『阿倍仲麻呂伝研究〈手沢補訂本〉』、上野誠『遣唐使阿倍仲麻呂の夢』）、唐では仲麻呂の死後十年近くが過ぎており、家族の存否も不明であるから、日本側の一族の生存者の存在をふまえて、このように理解しておきたい（唐の家族への給付なら砂金が相応しい）。ちなみに、留学者の日本の家族への賜与例としては、延暦度《えんりやく》の霊仙《りようせん》の場合がある（『類聚国史《るいじゆこくし》』巻七十八・天長《てんちよう》三年〈八二六〉二月壬戌条。弟妹に阿波《あわ》国の稲一〇〇〇束）。

なお、略伝には仲麻呂の位階を従四位上と記すが、いずれかの時点（延暦度か）で贈位《ぞうい》も実施されたと考えられる。その後の仲麻呂に対する贈位は第三の二で触れた通りであり、延暦度、承和《じようわ》度と、九世紀の遣唐使派遣では海路の平安を祈るとともに、これまでの遣唐使で客死した人びとへの言及や贈位がなされ、鎮魂が図られた。

上述のように、仲麻呂には兄弟がいたが、清貧を旨とする家風であり、またこの段階での阿倍氏は五位クラスの中級官人であったから、盛大な葬儀を行う財力はなかったのであろう。ただ、当時の日本人、いや前近代の日本の歴史全体を通じても、阿倍仲麻呂のような体験をした人物は稀有であり、異国の皇帝に近侍したという栄誉、唐での立身出世とともに、「あまの原」の歌に示される、帰国を切望しながら、その望みを遂げることができなかった切なさに、多くの人びとが感傷を抱き、その生涯を思い遣るのであろう。

第七　唐文化移入の行方

一　遣唐留学者のその後

羽栗吉麻呂と子どもたち

以上、阿倍仲麻呂の生涯を辿ってきた。仲麻呂は帰国を切望しながらも、結局は唐で客死してしまう。では、阿倍仲麻呂が帰国していたら、どうであろうか。その点を想像する材料として、ここでは帰朝留学者のその後の足跡や日本における唐文化移入のあり方などの点から憶測をめぐらしてみたい。

まずは仲麻呂の傔人《けんじん》羽栗吉麻呂《はぐりのよしまろ》とその子息の行方を見ておく（角田文衛「葉栗臣翼の生涯」）。長男の翼《つばさ》には国史の伝記が知られる（『類聚国史《るいじゅこくし》』巻百八十七・延暦《えんりゃく》十七年〈七九八〉五月丙午条）。

正五位下羽栗臣《はぐりのおみ》翼卒す、云々。父吉麻呂、霊亀《れいき》二年、学生阿倍朝臣中麻呂《あそんなかまろ》の傔人を以て入唐し、唐女を娶りて翼及び翔《かける》を生む。翼、年十六にして、天平《てんぴょう》六年父に随ひて帰国し、聡を以て称せられ、通渉する所多し。出家して僧と為る、未だ幾ばくならずして学業優長なれば、朝廷其《そ》の才を惜しみて還俗《げんぞく》せしめ、特に度者《どしゃ》二人を賜る。

翼は天平六年（七三四）に十六歳であったことがわかるから、養老《ようろう》三年（七一九）の生まれ、父吉麻呂は入唐後ほどなく唐の女性と結婚したようである。仲麻呂が唐に残らざるを得なかったため、吉麻呂は二人の息子とともに天平度遣唐使に随伴して帰国する道を選択するが、翼が「学業優長」と評価されているように、吉麻呂は二人の息子の教育に配慮し、留学生《るがくしょう》と遜色のないくらいの学芸を身につけさせ、帰朝後の活動を準備していたと考えられる。吉麻呂自身の帰国後の動向は不明であるが、翼と翔は律令官人《りつりょうかんじん》としての道を歩んでいくことになる。

羽栗翼の生涯

翼は当初出家して僧になるが、「学業優長」な人材として、朝廷から還俗を命じられ、代わりに度者二人が仏道修行に励むという措置がとられた。その後の足跡は不明の期間が長いが、翼と翔は在唐経験のある中下級官人として、中国語の能力や学芸などをもとに相応の役割を務めていたのではないかと思われる。翔は勝宝度の大使藤原清河《ふじわらのきよかわ》（河清《かせい》）を連れ戻すため、渤海《ぼっかい》路経由で派遣された宝字度①遣唐使の一員に起用され、再度の入唐を果たす。上述のように、安史の乱の余燼が終息しておらず、清河、また仲麻呂も今回の遣唐使に随伴して帰朝することは許されず、宝字度①はそうした状況を報告して使命を終えた。しかし、翔は清河のもとに留まった（『続日本紀《しょくにほんぎ》』天平宝字《てんぴょうほうじ》五年〈七六一〉十一月癸未条）。

翼は次の宝亀度《ほうき》①遣唐使の官人として入唐する。翔、翼の起用にはやはり在唐経験者としての知聞や語学力が考慮されたものと思われる。翼の入唐時点では仲麻呂は死去しており、弟翔と再会できたか否かも不明であるが、翼は帰朝し、律令官人としての仕奉《しぶ》を続ける。彼の官歴・年譜を見ると（表7）、外記《げき》としての漢文作成能力のほかに、宝亀度①での入唐の際に揚州《ようしゅう》で偽金作りに用いられる鈍隠《どんおん》の存在を取材した逸話（『続日本紀』天平神護《てんぴょうじんご》二年〈七六六〉七月己卯条）や内薬正《ないやくのかみ》兼侍医《じい》の経歴からは、鉱物・薬物の知識と医学にも通じていたことが知られ、これが「通渉する所多し」の一端を示している。

また勅旨省《ちょくししょう》・勅旨所に勤務し、大丞《だいじょう》・助《すけ》になっており、勅旨田《ちょくしでん》の管理や宮中の諸道具調達などを職務とし、比較的天皇の側近に仕える存在で（角田文衛「勅旨省と勅旨所」、中村順昭「光明皇太后没後の坤宮官」）、侍医就任もそうした信頼関係に基づくものであろう（春名宏昭「内薬侍医について」）。年譜では老年になって（史料では「宝亀初」とあるが、まだ五十代前半であるから、六十代後半—七十代の頃のことか）、天皇から輦車《こし》による公門の出入を許可されたといい、

表7　羽栗翼の生涯

年次	西暦	年齢	事跡
養老　三年	七一九	一	唐で誕生
天平十六年	七三四	十六	父吉麻呂・弟翔とともに帰国（出家して僧になるが、学業優長により朝廷が還俗させ、官途に就ける）
天平宝字五年	七六一	四十三	弟翔が迎藤原河清使の録事として入唐し、そのまま在唐
宝亀　六年	七七五	五十七	八月、時に遣唐録事正七位上→外従五位下、准判官に
七年	七七六	五十八	三月、時に大外記外従五位下で、兼勅旨大丞に。八月、臣を賜姓、山背国乙訓郡人と見える
宝亀八–九年			宝亀度①遣唐使として入唐。かつて昆解宮成が得た白鑞を揚州の鋳工に見せ、私鋳銭作りに用いられる鈍隠であることを明らかにする。長安にも入京
十年	七七九	六十一	四月、外従五位下→従五位下
十一年	七八〇	六十二	唐から将来した宝応五紀暦経を献上（『日本三代実録』貞観三年六月十六日条によると、天応元年に造暦を試みるもうまくいかず、大衍暦を使用し続けるという）
天応　元年	七八一	六十三	六月、時に従五位下勅旨大丞で、難波に派遣され朴消を練る
延暦　元年	七八二	六十四	二月、時に従五位下で、丹波介に
四年	七八五	六十七	八月、従五位下→従五位上
五年	七八六	六十八	七月、内薬正兼侍医に
七年	七八八	七十	三月、左京亮に（内薬正・侍医は兼帯）

八年	七八九	七十一	六月十五日、勅旨所牒案（『平安遺文』四八九七号）に「従五位上行内薬正兼侍医葉栗臣「翼」」と署名
九年	七九〇	七十二	二月、従五位上↓正五位下 『西宮記』巻八裏書（二巻八八頁下）に「正五位下羽栗臣翼、宝亀初、天皇以其年老、聴乗小（輦ヵ）車出入公門云々」とあるのは、この頃のことか
十七年	七九八	八十	五月、卒す、時に正五位下

〔備考〕出典を記したもの以外は、国史の記載による。

これも天皇に近侍する関係をうかがわせる。

以上を要するに、羽栗翼は在唐経験と学芸の力により、天皇にも重宝される中下級官人としての生涯を送ることができたとまとめることができ、ここには入唐留学者に比肩するような帰朝後の活動が看取されるところである。

将来文物の活用状況

では、ほかの留学者たちのその後はいかがであろうか。ここでは留学者たちの帰国後の活動や学術・技芸習得成果の還元のあり方などを検討し、遣唐留学の意味合いを考えてみたい。上述のように、遣唐使官人や留学者は帰朝後に昇叙に与る例も多く、こうした点で優待されたことはまちがいないが（シャルロッテ・フォン・ヴェアシュア「帰国後の遣唐使の待遇について」）、それだけで手放しに留学の効用を云々するわけにはいかない（森公章「遣唐使と唐文化の移入」)。

吉備真備《きびのまきび》は多くの将来品を持ち帰り、帰朝時に朝廷に献上しており、速やかなる導入・活用が図られたものと思われる。ただし、留学生を大々的に送り込む本格的な遣唐使は勝宝度くらいを頂点とし、その後は僧侶に関しては後代まで入唐《にっとう》留学・求法《ぐほう》が続くが、俗人については勝宝度頃からは請益生《しょうやくしょう》が中心になり、真備のような総合的な中国文化の移入の役割・期待には変化が看取されるところである。

膳大丘《かしわでのおおおか》は勝宝度の請益生と目され、帰朝後には造東大寺司《ぞうとうだいじし》に勤務しており、天平《てんぴょう》勝宝《しょうほう》七歳（七五五）頃に正八位上であったことが知られる（『大日本古文書《だいにほんこもんじょ》』十二巻四七五頁、二十五巻一九三頁、四巻七二頁）。しかし、唐で勉強した儒教《じゅきょう》の知聞を生かすことができるようになったのは、大学助教というしかるべき地位に就いてからであり、唐の国子監《こくしかん》の門に掲げられた孔子《こうし》の呼称を参考に、それに倣って「文宣王」と改訂すべきことを奏上することができた（『続日本紀』神護景雲《じんごけいうん》二年〈七六八〉七月辛丑条）。

宝亀度①（あるいは②）の請益生伊予部家守《いよべのやかもり》は五経《ごきょう》大義と切韻《せついん》・説文《せつもん》の字体を学習したが、まだ日本に伝来していなかった『春秋《しゅんじゅう》』の公羊《くよう》・穀梁伝《こくりょうでん》の教授を大臣を介して奏言したのは、彼が帰朝後に直講《ちょっこう》に任じられ、次いで助教に昇進してからであり、年紀は不明であるが、同様に帰朝時から相応の年次を待たねばならなかったであろう（『日本《にほん》紀略《きりやく》』延暦十九年十月庚辰条）。この奏言がないと、彼がこれらを修得したことは周知されず、日本での伝授も叶わなかったのである。

同様に、従来の『本草集注《ほんぞうしっちゅう》』に代わる『新修本草』の採用も、典薬寮《てんやくりょう》で検証を経たうえで切り換えが行われており、宝亀度①の帰朝からは十年年近くを要している（『続日本紀』延暦六年五月戊戌条）。

そのほか、文物の移入に関しては、八世紀前半では霊亀度遣唐使がもたらした把笏《はしゃく》（中国的服装に応じて、官人が威儀を正すために笏を持つこと）や婦女の服装は速やかに導入されたことがうかがわれる（『続日本紀』養老三年二月己亥条・十二月戊子条）。ただし、長安《ちょうあん》の実見に基づく平城京《へいじょうきょう》内の貴族邸宅への瓦葺き建物（瓦舎）建設は、聖武《しょうむ》天皇の即位を飾る政治的意図があったためか、すぐには布達されていない（同神亀《じんき》元年〈七二四〉十一月甲子条）。

また最も伝統性が求められる天皇の服装では、冕服《べんぷく》（冕は冠に平直な板を載せ、玉を貫いた旒《りゅう》を垂らしたもので、冕冠《べんかん》と礼服《らいふく》の意）着用の初例はかなり遅れ（同天平四年正月乙巳条）、制度的確立は天皇の唐風化が進む桓武《かんむ》―嵯峨《さが》朝を待たねばならなかった（『日本紀略』弘仁《こうにん》十一年〈八二〇〉二月甲戌条。大津透「天皇の服と律令・礼の継受」）。

さらには上述の教団道教《どうきょう》のように、最初から忌避されるものもあり、日本は絶域の海上の列島という空間的距離感とともに、「二十年一貢」の時間的隔たりをも盾として、主体的な選択性をもって唐文化の移入に努めていたという特色を指摘することができよう。留学者の成果は無条件に国内で通用するものではないという留保があった点にも注目しておきたい。

笏を持った官人の図（右）と袞冕十二章の服装（左：敦煌220窟の唐皇帝図，右：平城京出土二条大路木簡．森公章『遣唐使の光芒』角川学芸出版，2010年，132頁より）

新羅との比較

一方、唐と陸続きの半島上に存し、冊《さく》封《ほう》下にあった新羅《しらぎ》は、これとは異なる様相を呈している。日本の大学と新羅の国学の教科書の若干の相違については先に触れたが、入唐留学のあり方・目的にも懸隔がある。新羅は遣唐使も毎年のように派遣していたが、遣唐留学は十年（以上）が求められていた。国内の国学は大舎《たいしゃ》（十七等の官位制度の第十二位）以下、無位の者までの下級の官位を持つ人びとを入学対象としており（『三国史記《さんごくしき》』巻三十八職官上・国学条）、中級官吏養成用だったことになる。新羅は早くから王族や貴族の子弟を「入唐宿衛」という形で唐に派遣しており、遣唐留学生にも王族の子弟や抜群の学力を持ち、国家の中枢を担うことが期待される人びとが派遣されたという（濱田耕策「国学と遣唐留学生」）。

また上述のように、新羅には国王の即位時に唐からの冊封使が到来し、その際に唐の一流の学者が来訪することもあった。次代を担う人びとの遣唐留学は学識とともに人脈を培うことが期待されていたのであり、人の交流や高いレベルでの直接伝授に力点があったと言えよう。

ちなみに、日本でもさすがにネイティブな発音が求められる音博士《おんはかせ》は、上述の袁晋卿《えんしんけい》をはじめ、七世紀末‐八世紀には唐人が起用されていた（森公章「袁晋卿の生涯」）。しかし、九世紀前半には日本人の音博士が出現し、唐人による伝授と伝習休制の確立を経たうえで、日本人による体制維持に切り換えられていく。

また九世紀初の桓武‐嵯峨朝には呉音《ごおん》から漢音への転換や漢語教育の振興が図られていたが、この頃に活躍する善道真貞《よしみちのさねさだ》は伊予部家守の子で、父の家守は「切韻・説文の

表8　音博士の就任者

人名	所見年次	備考
続守言	持統五年九月四日	銀各二〇両を賜与（百済の役の捕虜の唐人）
薩弘格	持統六年十二月十四日	水田各四町を賜与
袁晋卿	宝亀九年十二月庚寅条	天平七年来日の唐人。『性霊集』巻四「為藤真川挙浄豊啓」も参照
清内宿禰御薗	天長二～承和四年以前	（外記補任・法曹類林）
六人部連門継	天長二年頃ヵ 天長十年二月癸酉条	（法曹類林） 右京人・従五位下、高貞宿禰賜姓
物部弥範	嘉祥二年十月五日	近江国愛智郡人・従五位下、右京六条二坊貫附
上毛野朝臣永世	貞観二年正月十六日	外従五位下、尾張介に
清内宿禰雄行	貞観六年正月七日 貞観八年七月二日 貞観十一年正月七日	正六位上→外従五位下 高山祭使 →従五位下
	元慶七年六月十日	卒
秦忌寸永宗	元慶七年正月七日 元慶七年十二月二十五日	正六位上→外従五位下 山城国葛野郡人、惟宗朝臣賜姓
惟宗朝臣永宗	仁和三年二月十七日	摂津介に

〔備考〕天平十年度周防国正税帳（『大日本古文書』二巻一三四頁）に見える音博士大初位上山背連靺鞨は大宰府の関係者である可能性が高いので、除いた。

行賀の涙

字体」、すなわち発音で引ける中国語辞典が自在に利用でき、語学力も抜群であったのに対して、真貞は父の『春秋』三伝の教授は継承していたものの、語学はまったく駄目で、漢字特有の四声《しせい》も弁別できず、教授に際しては訛音《かおん》、つまり呉音を用いるのみであったので、深い考察はできなかったと評されている（『続日本後紀《しょくにほんこうき》』承和《じょうわ》十二年〈八四五〉二月丁酉条善道朝臣真貞卒伝）。この点にも唐文化移入のあり方の違いがうかがわれるところである。

留学脱落組ではないが、留学者が帰国後に味わう洗礼の様子を教えてくれる事例として、行賀《ぎょうが》（七二八―八〇三）の逸話を紹介しておきたい（『類聚国史』巻百四十七・延暦二十二年三月己未条行賀伝）。行賀は俗姓上毛野公《かみつけののきみ》、二十五歳の時、つまり天平勝宝四年に入唐留学したというから、勝宝度の留学僧《るがくそう》であり、在唐三十一年とあるので、少し計算が齟齬するが、宝亀度①に随伴して帰朝した人物と見てよいであろう（勝宝度遣唐使の起算年である天平勝宝二年を起点とすると、齟齬は少なくなる。宝亀度②での帰朝も考えられる）。

その行賀は帰朝時に留学成果を試問され、東大寺僧明一《みょういつ》の諮問に言葉詰まってしまい、「粮を両国に費し、学植庸浅、何ぞ朝寄に違ひて、実帰せざるや」と罵倒されて、涕泣《ていきゅう》したという逸話が伝わっている。行賀伝では「久しく他郷に在りて、頻りに言語を忘れるなり」と弁護されており、また論争には論争術があって、学殖の高さと必ずし

伝行賀坐像（法相六祖像．興福寺所蔵）

も比例しないとの指摘もあるが、やはり帰朝を華々しく飾ることができなかったのは事実である。こうした留学成果が云々されることは、必ずしも無条件に唐での学植を受け入れるわけではないという姿勢を示しているのかもしれないが、この点についてはさらに後述することにしたい。

行賀本人に関しては、

> 唐に在りしの時、百の高座の第二に居《お》り、法華《ほけ》経疏《きょうしょ》・弘賛略《ぐさんりゃく》・唯識僉議《ゆいしきせんぎ》等四十余巻有り。是《こ》れ則ち行賀法師《ほっし》の筆削也。又聖教《しょうぎょう》要文五百余巻を写し得て持ち来れり。

と、唐での活動・肩書や将来した経典などから、一応評価すべき成果を上げたと認定され、日本でも宗業伝授に資したと記されている。

ただし、「詔して門徒卅人に付して、其の業を伝へしむるなり」とあるのは、行賀本人が伝授したのか、あるいは将来経典を各人が学習することでも宗業伝授は可能であるとすれば、行賀の役割は異なってくる。新帰朝の留学者本人が大いに活躍することも重要であるが、日本の朝廷や仏教界としては、本人の学識もさることながら、新しい経典の将来という物実の獲得の方に重点を置いていたので、行賀が咎められることはなかったと理解することができれば、留学者に期待されていた役割が奈辺にあったかを考える手がかりとなろう。こうした唐文化受容のあり方についても、後述することにしたい。

唐文化移入の特徴

以上を要するに、日本では人の交流による直接的伝授もさることながら、モノ、書籍などの将来に基づく主体的な取り組みと、国内での伝習体制構築による唐文化の移入・消化が重視されたと考えられる。これは「二十年一貢」で、限られた人数の留学者派遣のなかで、留学者本人の超人的能力のみに依存するのではなく、書籍であれば、これを書写することにより、空間と時間を超えて、多くの人々や国内の各地での学習が可能になるので、倭国・日本の外来文物導入の方式としては、これが最も効果的であったと言える。

なお、「二十年一貢」の時宜でその時々の最新の唐文化を移入することになるので、中国との時間差や偶然性に左右される要素が大きい。例えば、吉備真備の父圀勝《くにかつ》の名前のところで触れた則天文字《そくてんもじ》は、大宝《たいほう》度遣唐使がもたらしたもので、則天武后（聖神皇帝）治下での特殊事象であるが、日本では「圀」以外の文字も広く知られ、都だけでなく、

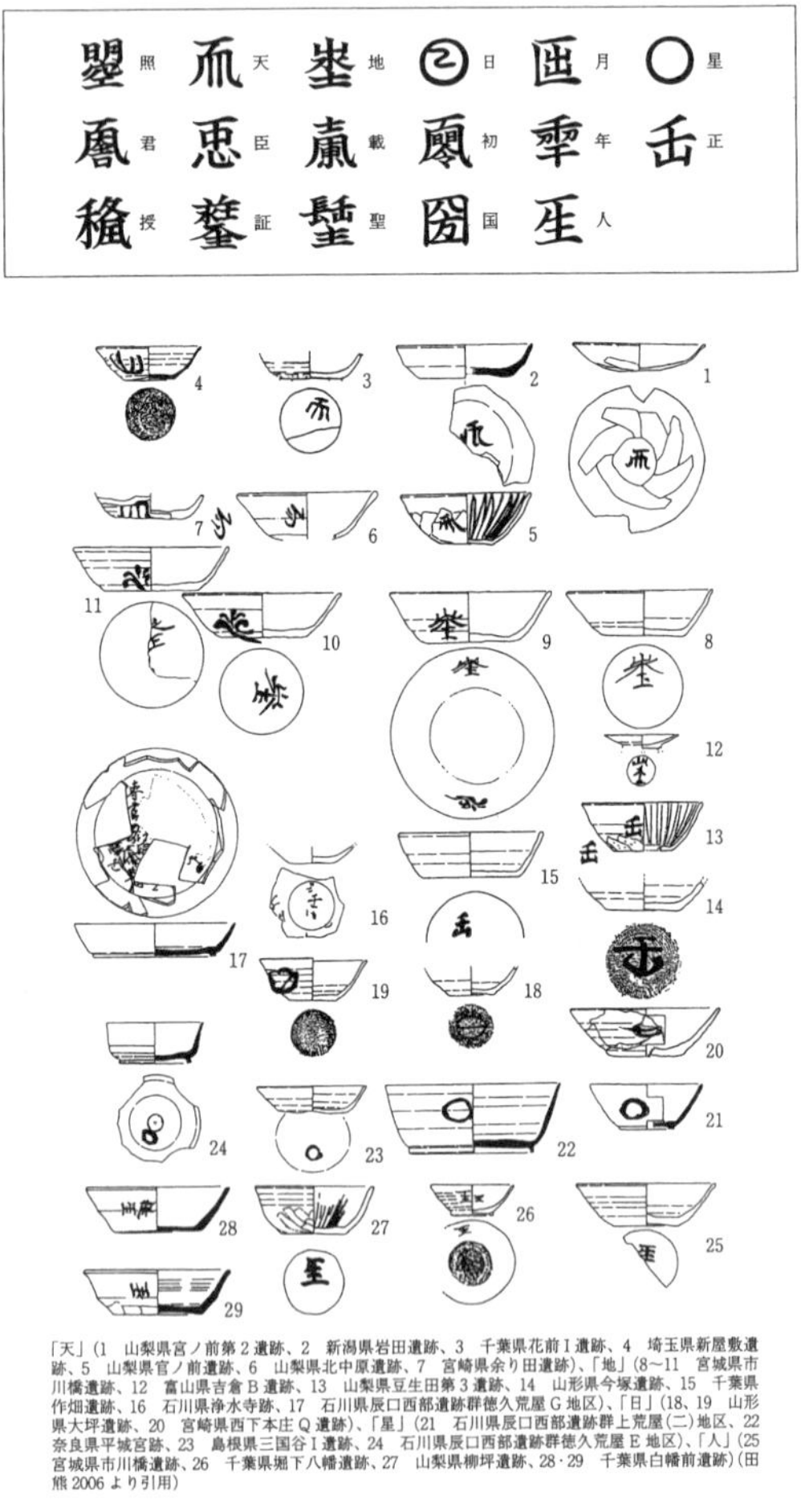

「天」(1　山梨県宮ノ前第2遺跡、2　新潟県岩田遺跡、3　千葉県花前Ⅰ遺跡、4　埼玉県新屋敷遺跡、5　山梨県宮ノ前遺跡、6　山梨県北中原遺跡、7　宮崎県余り田遺跡)、「地」(8～11　宮城県市川橋遺跡、12　富山県吉倉B遺跡、13　山梨県豆生田第3遺跡、14　山形県今塚遺跡、15　千葉県作畑遺跡、16　石川県浄水寺跡、17　石川県辰口西部遺跡群徳久荒屋G地区)、「日」(18、19　山形県大坪遺跡、20　宮崎県西下本庄Q遺跡)、「星」(21　石川県辰口西部遺跡群上荒屋(二)地区、22　奈良県平城宮跡、23　島根県三国谷Ⅰ遺跡、24　石川県辰口西部遺跡群徳久荒屋E地区)、「人」(25　宮城県市川橋遺跡、26　千葉県堀下八幡遺跡、27　山梨県柳坪遺跡、28・29　千葉県白幡前遺跡)(田熊2006より引用)

則天文字一覧と地方における広がり（『日本史辞典』岩波書店，1999年，1434頁，高島英之『出土文字資料と古代の東国』同成社，2012年，188頁の図4-6より）

地方の遺跡からも墨書土器《ぼくしょどき》などに記された形で出土するので、かなり流布していたものと思われる（高島英之「則天文字が記された墨書土器」）。こうした傾向のなかで、阿倍仲麻呂が帰国していたら、どうなっていたことであろうか。

二　かへりきにける阿倍仲麻呂

仲麻呂帰国説

実は、文学の世界では阿倍仲麻呂は帰国していたとする記述が存する。まず「はしがき」で掲げた「あまの原」を掲載する『古今和歌集《こきんわかしゅう》』の撰者である紀貫之《きのつらゆき》の『土左日記《とさにっき》』では、承平《じょうへい》五年（九三五）正月二十日条に海辺で夜更けに出た月を眺めて眠ることができなかった時に、仲麻呂の歌が引用されている。ここでは冒頭の句がこの場に合せて改変されており、

あをうなばらふりさけみればかすかなるみかさのやまにいでしつきかも

と記されるが、「安倍仲麿といひける人は、唐にわたりて、帰り来るときに」と説明されているから、帰国したとまでは言っていない。しかし、この「あをうなばら」の歌を載せた『今昔物語集《こんじゃくものがたりしゅう》』巻二十四第四十四話「安倍仲麿、於唐読和歌語」の末尾には、

「此レハ、仲丸此国ニ返テ語ケルヲ聞テ語リ伝ヘタルトヤ」とあり、仲麻呂が帰国して自ら語った体験談という設定になっている。

両唐書の記載

この仲麻呂帰国説はまったく根拠がないわけではなく、唐代史の正史である両唐書の記載を比較すると、その由来が判明する。

・『旧唐書《くとうじょ》』日本国伝

（上略）其の偏使朝臣仲満、中国の風を慕ひ、因《よ》りて留りて去らず。姓名を改めて朝《ちょう》衡《こう》と為す。仕へて左補闕《さほけつ》・儀王友《ぎおうゆう》を歴す。衡、京師《けいし》に留まること五十年、書籍を好み、放ちて郷に帰すも、逗留して去らず。天宝十二年、又使を遣して貢す。上元中、衡を擢《ぬきん》でて左散騎常侍《ささんきじょうじ》・鎮南都護《ちんなんとご》と為す。（下略）

・『新唐書《しんとうじょ》』日本伝

（上略）其の副使朝臣仲満、華を慕ひて去るを肯ぜず。姓名を易《か》へて朝衡と曰《い》ふ。左補闕・儀王友を歴し、該識する所多し。久しくして乃《すなわ》ち還る。（中略）天宝《てんぽう》十二載、朝衡復《ま》た入朝す。上元中、左散騎常侍・安南《あんなん》都護に擢づ。（下略）

新唐書の記述ぶり

『新唐書』には「久しくして乃ち還る」とあるので、明確に帰朝したと記されている。しかし、一般に『旧唐書』の方が原史料に基づく記述になっているとされ、ここでも両者を比較すると明白で、『新唐書』は先行する『旧唐書』に依拠しながら、これを改変したものであることがわかる。『旧唐書』の「偏使」は正使以外のすべての使人一行を含む用語であり（杉本直治郎『阿倍仲麻呂伝研究〈手沢補訂本〉』）、『新唐書』はこれを曲解して再構成したもので、仲麻呂を霊亀度遣唐使の副使と位置づけ、また天宝《てんぽう》十二載（七五三＝天平勝宝五）に再度入唐したとするのは、やはり誤りであるとせねばならない。

ただし、『扶桑略記《ふそうりやっき》』霊亀二年（七一六）九月丙子条に仲麻呂を副使とする記載が見え、『江談抄《ごうだんしょう》』で仲麻呂を「日本国遣唐使」と位置づけることなどは、この『新唐書』の記述に依拠したもので、一定の影響力があった。また蓮華王院《れんげおういん》本の紀貫之自筆原本を忠実に書写した『土左日記』の最善本とされる藤原為家《ためいえ》本（為家は定家《さだいえ》の子）には、「もろこしにわたりてかへりきにけるとき」と記されているので、これだと帰国したの意になる。

帰朝した仲麻呂の処遇とは

しかしながら、為家本の評価にはまだ議論もあるらしく、何よりも仲麻呂が帰国したという歴史的事実は存在しないので、ここの「かへりきにける」をそのまま認めるわけにはいかないというのが穏当な理解であるとされる（荒木浩「かへりきにける阿倍仲麻呂」）。

では、本当に阿倍仲麻呂が帰朝を果たしていたら、どうであろうか。勝宝度遣唐使が派遣された天平勝宝四年は、聖武太上天皇《だじょうてんのう》―孝謙《こうけん》天皇治下で、大仏開眼《だいぶつかいげん》が行われ、光《こう》明《みょう》皇太后の関与も加わり、鎮護国家《ちんごこっか》の仏教がさらに推進されていく世相であった。政権担当者は左大臣　橘諸兄《たちばなのもろえ》であるが、光明皇太后の甥で、南家《なんけ》の藤原仲麻呂《なかまろ》が大納言兼紫微令《しびれい》（紫微令は光明皇后・皇太后宮職《こうたいごうぐうしき》を改称した紫微中台《ちゅうだい》の長官）として台頭し、天平勝宝八歳五月の聖武太上天皇崩御《ほうぎょ》、天平宝字元年正月、諸兄の死去により同年七月に勃発する橘奈良麻呂《ならまろ》の変を未然に鎮圧して、藤原仲麻呂（恵美押勝《えみのおしかつ》）の専制政治の時代へと展開していく（岸俊男『藤原仲麻呂』、木本好信『藤原仲麻呂』）。

政治的・文化的な変化

　こうしたなかで阿倍仲麻呂は、日本の政界でどのような位置を占めることができたのであろうか。仲麻呂は唐では直接政務に携わらない清官《せいかん》を歴任し、政務運営の中枢にいたわけではなく、よく言えば玄宗《げんそう》の側近・顧問的な存在、酷評すれば「お伽衆」の一員であり、玄宗の外国人登用に依拠した存在でしかなかったと言えよう。また仲麻呂の資質は真備と匹敵するものであったかもしれないが、唐の太学《たいがく》に入学し、官吏への道をたどった仲麻呂は、真備ほどの広範な学修を求められることはなく、到達点という点では大きな違いがあったと考えられる。ただ、羽栗翼の生涯を参照すると、地位の高下は別にして、日本でも天皇の側近に侍することはあったのかもしれない。

　しかし、総体的な唐文化の移入が求められた真備の帰国時とは異なり、唐文化の個別的な摂取へと変化する流れにあり、藤原仲麻呂の唐風化推進という側面もあるが、必ずしも無条件に唐文化を讃仰するという状況ではなかった。また真備は地方豪族出身の第二世代で、元来朝廷に政治的基盤がなく、皇太子時代の孝謙天皇の師になったことや藤原仲麻呂の専制、藤原仲麻呂の乱（七六四年）と孝謙太上天皇が重祚《ちょうそ》した称徳《しょうとく》天皇・道鏡《どうきょう》政権といった奈良時代後半の特異な政治状況のなかで、例外的に右大臣まで昇進することができたのである。

阿倍氏は畿内《きない》有力氏族であり、天平勝宝四年段階では連続した議政官《ぎせいかん》を出してはおらず、政務の中枢に同族はいなかった。また藤原仲麻呂は算道《さんどう》を阿倍少麻呂《すくなまろ》に習ったというから、阿倍氏とのつながりがあったものと思われる。しかし、それゆえに阿倍仲麻呂を政務の中枢に参画させることには警戒心が抱かれたと考えられる。

仲麻呂が死去した後、光仁《こうにん》朝には光仁天皇即位に功績のあった藤原良継《よしつぐ》（式家《しきけ》）が内《ない》臣《しん》に任じられ、「政を専らにし、志を得て升降《しょうこう》自由」であったといい（『続日本紀』宝亀八年〈七七七〉九月丙寅条）、権力を振るった。その妻が阿倍朝臣古美奈《こみな》で、彼女は尚蔵《くらのかみ》と尚侍《ないしのかみ》を兼ねて、後宮《こうきゅう》官人の上首者として夫の権勢を支えている（同延暦三年十月乙未条）。しかし、この時期に阿倍氏出身の議政官がいたわけではなく、古美奈と仲麻呂の家系との関係も不明である。何よりも阿倍仲麻呂の家系にはそのような有力者はいなかったので、やはり仲麻呂が政治の面で脚光を浴びることはなかったと目される。

といったような視点からは、仮に帰国していたとしても、阿倍仲麻呂は天皇周辺で在唐経験を生かす何らかの活動を行うくらいで、遣唐留学者、玄宗の側近というネーム・バリューは必ずしも日本の政治のなかで力を発揮できるようにはなっていなかったと解される。

日本の遣唐留学生のなかでは例外的に中央有力氏族出身者であることは有利には作用せず、所詮は鬼子的存在として、余生を静かに送ることになったのではないかというのが本書での見立てである。何よりも日本側の史料、特に国史においては仲麻呂は「学生」の扱いで、ドロップアウトした留学生ではあるが、唐の官人になり玄宗とつながりがあったために、日唐間の架け橋となり得た特異な存在という評価を出ることはなかったと思われる。

三　入唐成果に対する評価

戒明と徳清

遣唐留学者の行方として、最後に宝亀度①の請益僧である戒明《かいみょう》と得《とく》（徳）清《せい》について触れておきたい（森公章「奈良時代後半の遣唐使とその史的意義」）。戒明は大安寺《だいあんじ》僧で、華厳経《けごんきょう》の学修とともに、道慈《どうじ》—慶俊《けいしゅん》と続く大安寺三論宗《さんろんしゅう》の正統を嗣ぐ存在で（『日本高僧伝要文《にほんこうそうでんようもん》抄《しょう》』第三延暦僧録《えんりゃくそうろく》第五智名僧沙門《しゃもん》釈戒明伝）、得清は西大寺《さいだいじ》僧（円珍『大日経義釈目録縁起《だいにちきょうぎしゃくもくろくえんぎ》』〈大日本《だいにほん》仏教全書《ぶっきょうぜんしょ》二十六巻七一九頁〉）、やはり三論宗の学匠と目される。

彼らの任務は、まず『大仏頂経《だいぶっちょうきょう》』の真偽問題に関する唐側の回答、唐決（釈）を得ることであった。『大仏頂経』は延暦度の最澄《さいちょう》・空海《くうかい》、承和度の円仁《えんにん》やその後の円珍《えんちん》の入唐求法《ぐほう》により密教《みっきょう》が隆盛した段階では高く評価される経典であるが、戒明伝には、戒明帰朝後の宝亀十年に大仏頂経廃棄・焚焼《ふんしょう》の気運が起こり、戒明にも連署《れんしょ》が求められたものの、戒明は唐・大暦《だいれき》十三年（七七八＝宝亀九）に代宗《だいそう》が親しく僧侶を屈請《くっしょう》して大仏頂経を講説した旨を指摘し、この騒動を鎮静したとある。

淡海三船の書状

実は得清らは『大仏頂経』が偽経であるとする唐決を持ち帰っていた（玄叡《げんえい》『大乗三論《だいじょうさんろん》

義鈔《ぎしょう》』〈大正新脩大蔵経第七十巻一五一頁b・c〉）。また戒明は『釈摩訶衍論《しゃくまかえんろん》』、得清は『梵文毘《ぼんぶんび》盧遮那成仏経抄記《るしゃなじょうぶつきょうしょうき》』を将来していた。しかし、貞慶《じょうけい》『唯識論同学鈔《ゆいしきろんどうがくしょう》』第二巻第四「真如受薫事」（大日本仏教全書七十六巻三五六〜三五九頁）には、次のような顛末が知られる。

（上略）古人淡海居士《おうみこじ》、戒明闍梨《じゃり》に消息を送る。一昨日至る、唐より将来せる釈摩訶衍論を垂示せり。名を聞くの初め、龍樹《りゅうじゅ》の妙釈を披《ひら》くを喜び、巻を開くの後、馬《め》鳴《みょう》の真宗を穢《けだ》せるを恨めり。今、此の論を検ずるに、実《まこと》に龍樹の旨に非《あら》ず。是れ愚人、菩薩の名を仮りて作る所のみ。但し其の本論は、実は馬鳴菩薩の起信論也。（中略）大徳は当代の智者なり、何ぞ遠路を労して此の偽文を持ちて来るや。昔、膳大丘《かしわでのおおおか》、唐より持ち来れる金剛蔵菩薩註金剛般若経ナル者は、此の論と同じく並《なら》びに偽妄《ぎもう》の作也。願はくは早く蔵匿《ぞうとく》し、流転《るてん》して咲《わらい》を万代に取べからず。真人三《まひとみ》船《ふね》白《もう》す。宝亀十年閏五月二十四日状。戒明闍梨座下。（分註略）真言教時義第一安然《あんねん》作に云く、問ふ、摩訶衍論は、昔戒明和上将来の時、諸道俗有りて、偽論と論定せり。又南大寺新羅国僧珍聡《ちんそう》云く、是の論は本国大空山沙門月忠《げっちゅう》の撰也。（下略）

淡海三船《おうみのみふね》は大友皇子《おおとものおうじ》の曽孫で、鑑真《がんじん》の伝記『唐大和上東征伝《とうだいわじょうとうせいでん》』を撰上するなど、漢詩文に長じていたことで名高いが、ここでは戒明宛書状で『釈摩訶衍論』の偽論なるこ

入唐成果への疑義

とを指摘し、強く非難していたことが見える。新しい龍樹菩薩の経論の到来を期待していたのに、『大乗起信論《だいじょうきしんろん》』をもととして作成したもので、中略部分では序文の年紀が齟齬することと、本論も文章が鄙《ひな》びて、義理も通じていないと批判している。したがってこれは長く封印すべきものであり、もし世間に流布したらば、戒明は笑いものになってしまうと手厳しい評価である。

ちなみに、三船の書状の後に引用された安然の『真言教時義』によると、「南大寺」＝大安寺に居住していた新羅僧珍聡の証言が示され、『釈摩訶衍論』は新羅の大空山沙門月忠の撰であるとされている。

三船は出家して元開《げんかい》と名乗っていたことがあり、『大乗起信論』等の仏典にも通暁していた。また勝宝度の留学生または請益生に選定されながら、病により渡海できなかったという経歴もある（『延暦僧録』淡海居士伝）。したがって、入唐者の将来品、成果には厳しい評価を下したものと思われ、書状には上述の勝宝度の請益生膳大丘が将来した『金剛般若経』に対しても偽妄の作であると退けていたことが知られる。

戒明伝には戒明が『大仏頂経』の護持に貢献したことが特筆されているが、当時の仏教界は尾張大僧正《おわりだいそうじょう》と称された興福寺《こうふくじ》の賢璟《けんけい》を筆頭に、法相宗《ほっそうしゅう》の勢力が強く、戒明は中央での活躍の場を閉ざされたのではないかと考えられている（堀池春峰「弘法大師と南都仏教」）。また後代の西大寺で三論宗の名哲として知られる玄叡《げんえい》（?―八四〇）が、得清が『大仏頂経』偽経説の唐決を持ち帰ったことを非難しており（『大乗三論義鈔』）、戒明伝に記された唐での講説の事実は、唐でも真偽論争が続いていたことをうかがわせる。法相宗と対抗する三論宗では『大仏頂経』を評価していたので、真経説の立場からも得清の入唐は喧伝されることなく埋もれてしまったものと考えられる。

しかしながら、『釈摩訶衍論』は九世紀の密教隆盛のなかでは真論として重視されている。空海は東寺《とうじ》真言僧の修行書目の一つとしてこれを掲げ（『平安遺文《へいあんいぶん》』四四二七号弘仁十四年十月十日空海経論目録注進状）、承和度の請益僧元興寺《がんごうじ》常暁《じょうぎょう》も『釈摩訶衍論疏』を将来しており（同四四四六号承和六年九月二日僧常暁請来目録）、最澄は賢璟が釈摩訶衍論を偽論としたことを「愚失」と一蹴している（『守護国界章《しゅごこっかいしょう》』巻上之中〈大正新脩大蔵経第七十四巻一六二頁b〉）。最澄は得清が将来した『梵文毘盧遮那成仏経抄記』を西大寺で「発見」し、これを書写したといい、空海や円仁・円珍などの将来本も知られているので（『大日経義釈目録縁起』）、西大寺で眠っていた得清の将来品は次代の扉を開く貴重な端緒となったのである。

唐では玄宗朝の初期にあたる開元《かいげん》四年（七一六＝霊亀二）にインド僧善無畏《ぜんむい》（六三七―七三五）が到

来し、国師《こくし》となり密教が広まっていった。阿倍仲麻呂が滞在していた長安の仏教界には、こうした新しい動向が芽吹いていたのである。その後、インド僧金剛智《こんごうち》（六六九―七四一）、道経にも通じた中国僧一行《いちぎょう》（六八三―七二七）、また不空《ふくう》（七〇五―七七四）などが活躍し、これらの法系を継ぐ恵果《けいか》から空海に密教の正統が伝授され、日本でも密教が隆盛することになる（藤善眞澄『隋唐時代の仏教と社会』）。

膳大丘が将来した『金剛般若経』は、当時玄宗皇帝が注釈を加えるなど、唐で注目されていたものである。したがって膳大丘、また戒明・得清らは、唐の最新の文物を持ち帰ろうとして収集に努めたのであり、遣唐使の使命を忠実に遂行しようとしたと言える。ところが、日本では『大仏頂経』をめぐる真偽論争が惹起し、戒明・得清らの留学成果は両陣営からともに評価されなかった。また彼らが将来した新しい経典も当座は価値が留保されている。ここには阿倍仲麻呂が帰朝を企図した頃、あるいはその死後の状況として、日本では唐への讃仰一辺倒ではなく、独自に将来文物を位置づけたうえで、自立した形で唐文化の移入・定着への道を構築しようとしていたことが看取され、興味深い（森公章「平安貴族の国際認識についての一考察」）。

戒明・得清らについて言えば、彼らの留学成果はすぐには還元されず、当人たちはむしろ厳しい境遇に置かれたが、後代の密教受容・確立のなかでは先人として評価されることになった。したがってこうした未来への貢献、当座の成果ではなく、長い視点で歴史の展開を見た場合の留学者の位置づけにも留意したいところである。また合せて、仲麻呂の帰国実現の可能性の頃の状況と仲麻呂に対する処遇の想定を考える材料として付加しておきたい。

結――阿倍仲麻呂の生涯と歴史的位置――

本書では阿倍仲麻呂の生涯を叙述した。最後に各章の内容を整理しつつ、仲麻呂の生涯を箇条書き的にまとめてみたい。

(一) 阿倍仲麻呂は大宝《たいほう》元年(七〇一)に誕生し、父は船守で、母は不明、兄弟には帯麻呂《おびまろ》(意比麻呂)がいた。この一家の阿倍氏のなかでの位置づけは不詳とせねばならないが、五位クラスの中級官人であり、清貧を家風としたようである。阿倍氏は律令《りつりょう》制《せい》成立以前の倭王権の時代から有力中央氏族であったが、いくつかの複姓《ふくせい》に分かれ、その時々で有力な人物が氏上《うじのかみ》になるという構造であった。当時、阿倍朝臣《あそん》への統合の動きがあり、その気運のなかで、一族の俊才として知られた仲麻呂を遣唐留学生として送り出す企図が生じたと考えられる。

(二) 仲麻呂は霊亀《れいき》二年(七一六)、十六歳で霊亀度遣唐使の留学生に選定された。ともに留学した人びとには下道《しもつみち》(吉備《きび》)真備《まきび》、井真成《せいしんせい》、僧の玄昉《げんぼう》などがおり、日唐関係が安定化した後期遣唐使としては二回目の遣唐使派遣で、唐文化移入が本格化する時代の先駆者として、大いに期待されたと思われる。次の天平《てんぴょう》度遣唐使に随伴して帰朝する真備はさまざまな学芸をもたらした人物として後代まで伝説的な存在になっており、玄昉も仏教の力を示すことができた。

㈢　仲麻呂は唐の太学《たいがく》に入学し、大宝度遣唐使の滞留者が築いてくれていた玄宗《げんそう》皇帝との人的つながりもあって、唐の官人に登用された。なお、かつては科挙による登用と見る説が有力であったが、仲麻呂が登科した事実はなく、あくまで玄宗につながる人脈による起用であったと考えられる。仲麻呂が就いた官職は皇帝の側近に仕えるものではあるが、清官《せいかん》であり、政治に直接携わることはなかった。太学で勉強した仲麻呂は李白《りはく》・王維《おうい》といった唐代を代表する文人とも交流があり、唐の女性と結婚した可能性が高いが、子女の有無など詳細は不明とせねばならない。唐の官人になり、玄宗にも気に入られていたため、天平度遣唐使到来に際しては帰国を許されず、唐に滞留せざるを得なかった。天平度遣唐使のうち二船が漂蕩し、唐に戻ると、彼らの帰国を実現するために仲麻呂が玄宗とのパイプ役になったと考えられ、仲麻呂は留学を完遂して故国に資することはできなかったものの、こうした点では日唐関係の維持・発展に大いに貢献する存在であったと言える。

㈣　仲麻呂が五十歳を超え、在唐生活も四十年近くになった頃、勝宝度遣唐使が到来し、仲麻呂は元日朝賀《がんじつちょうが》における新羅《しらぎ》との争長事件の解決に関与した可能性があり、その後遣唐使一行を宮殿内の参観に引率するなど、やはり日唐間のパイプ役、玄宗との仲介者として貢献している。今回は仲麻呂も帰国を許され、王維らと送別詩を交わし、帰国に向けて進発することになった。仲麻呂は最も安全と目される大使藤《ふじ》原清河《わらのきよかわ》の第一船に乗ったが、この一隻だけが沖縄から安南《あんなん》（ベトナム）方面に大漂流し、帰国を果たすことができなかった。仲麻呂、そして清河は唐に戻り、再び玄宗に仕える日々になった。

㈤　勝宝度遣唐使には副使として吉備真備が参加しており、仲麻呂はかつての留学仲間と再会することができた。これにモチーフを得たのか、『江談抄《ごうだんしょう》』には餓死して鬼になった仲麻呂が真備を助けて唐人の試練に打ち勝つ伝奇的物語が記されており、これを絵画化した『吉備大臣入唐絵巻《きびだいじんにっとうえまき》』も知られる。ただし、この話は吉備真備の学芸の高さを称揚する趣旨で、留学生でありながら、日本には帰国せず、その点では留学脱落組である仲麻呂（鬼）の役割はあまり評価されていない。ここには必ずしも唐の優越性を認めない新たな動向が反映されているのかもしれない。

(六) 仲麻呂が唐に戻って間もなく、唐代史を二分する安史《あんし》の乱（七五五―七六三年）が勃発し、玄宗は死去、乱後も唐の社会は不安定な状況が続いた。こうしたなか、仲麻呂は肅宗《しゅくそう》・代宗《だいそう》にも仕え、晩年には安南都護《とご》としてこの地域の統治・安定に尽力するという行政能力を示すことができた。仲麻呂はすでに六十歳を超えており、安南での任務を終えて長安《ちょうあん》に戻った後、唐・大暦《だいれき》五年（七七〇＝宝亀《ほうき》元）正月に七十歳で死去する。

(七) 仲麻呂は唐で客死し、ついに帰国することはなかったが、ほかの遣唐留学者たちのその後のあり方を参照して、仮に帰国していたらどうなったかを憶測してみると、政治の中枢で活躍することはなかったと思われる。唐の文人とも交流できるほどの文章力は認めるとして、巷間で喧伝されるような皇帝の側近に仕えた政治力や唐とのパイプ・外交上の見識などは疑問とせねばならない。仲麻呂は政治には直接携わらない清官に就いており、安南での行政手腕は評価するとしても、それ以外は未知数の部分が多い。また日本における外国文化の導入や海外留学者の扱いの通例として、こうした人物が最高レベルで活動することはまずないというのが伝統であることにも留意すべきである。また(五)で示唆したように、いわゆる国風化は八世紀後半から始動しており、こうしたなかで仲麻呂のような存在、唐での経験が無条件に受け入れられることはなかったと思われる。その意味では仲麻呂の生涯は唐文化の全面的移入、讃仰から日本の独自性の形成という大きな歴史の流れに位置づけることができ、海外に雄飛した日本人、異国の皇帝の側近として仕えるという稀有な体験をした存在として、長く伝説（レジェンド）になったのである。

東大寺《とうだいじ》の正倉院《しょうそういん》に残る正倉院文書のなかには、「日本国学生護勝、書を大唐国の内相味公《みこう》の庁に貢ず」で始まる書状が知られ（『大日本古文書《だいにほんこもんじょ》』十八巻三九三頁／華厳経《けごんきょう》講師等交名《きょうみょう》幷僧護勝状案）、これは落書《らくしょ》・戯書《ぎしょ》の類《たぐい》で、東大寺の一青年が遣唐留《る》学僧《がくそう》に選定されて入唐し、唐の大臣に対して手紙を書く日が来ることを夢想した作であり、唐への留学に対する憧憬を示している。

また『平治物語《へいじものがたり》』上「唐僧来朝の事」（金刀本系統）には、「唐僧なれば、いふ事を人聞知ず、鳥の囀《さえずる》がごとく」という唐（宋）僧に対して、院近臣《いんのきんしん》として活躍する信西《しんぜい》が唐語で会話したという逸話が記されている。信西は「本我国に素生の者なれども、唐使にもや渡らせ給ふとて、吾朝のみならず天竺《てんじく》・震旦《しんたん》・新羅・百済《くだら》をはしめて五、六ヶ国の間に、上一人《いちにん》より下万人に申かへたる詞《ことば》づかひを学したるなり」と説明したといい、学儒藤原通憲《みちのり》（信西）の研鑽ぶりと諸外国への使節起用の希望・準備がうかがわれる。

その意味で遣唐留学し、異国の地で名声を得て生涯を送った阿倍仲麻呂は、こうした人びとの秘かな憧憬の的であったのかもしれない。仲麻呂の事績が長く記憶に留められたゆえんの一端であろう。ただ、『源氏物語《げんじものがたり》』少女《おとめ》の巻には、

才《ざえ》をもととしてこそ、大和《やまと》魂《だましい》の世に用ゐらるる方の強うはべらめ。

という評言があり、これは「大和魂」の用例の初見とされるが、「才」は漢才で、漢文学の素養、「大和魂」は現実的に柔軟に事を処理していく知恵・才覚のことを示している。これが「大和魂」の原義であり、「和魂洋才《わこんようさい》」と相似した考え方、つまり遣唐使・留学者が移入した唐文化を基盤としながらも、日本独自の方式を構築しようとする尽力に対する評価をうかがわせる（「和魂漢才《わこんかんさい》」）。そうした「国風」形成の第一歩として、改めて阿倍仲麻呂の生涯も含めて、後期遣唐使の初期に入唐留学した人びとの諸相に注目すべきことを強調したい。

最後に比較的簡単に見ることができる阿倍仲麻呂に関係する文化財として、東京都文京区大塚の護国寺《ごこくじ》の境内に存在する「安倍仲麿塚」の石碑を紹介しておく（東野治之「東

京護国寺所在の安倍仲麻呂塚の碑」、森公章『古代日中関係の展開』）。これは本堂の手前右にある大師《だいし》堂《どう》の斜め前に据えられているものである。その釈文と訓読文は次のようになっている（訓読文では正字を適宜当用漢字に直してある）。

（表面）

（梵字）安倍仲麿塚

（裏面）

此碑旧在大和國安倍郫久没
蒿萊無人剝蘇者大正十三年
甲子仲秋移置斯地題詩于其
陰　　箒庵逸人
戀闕葵心欲愬誰向東拝
賦望郷詞千秋唯有天邊
月猶照招魂苔字碑

（裏面の訓読文）

此の碑、旧《もと》は大和《やまと》国安倍郫《むら》に在り。久しく蒿萊《こうらい》に没して、人の剝蘇《はくそ》する者無し。

護国寺の安倍仲麿塚（筆者撮影）

大正十三年甲子《かっし》仲秋、斯《こ》の地に移置し、詩を其の陰に題す。箒庵逸人《そうあんいつじん》。

闕《みかど》を恋《おも》ふ葵心《えいしん》、誰に愬《うった》へんと欲して、東に向きて拝して、望郷の詞を賦せしか。千秋、唯《た》だ天辺の月有りて、猶ほ招魂苔字《たいじ》の碑を照らす。

表面の梵字は大日如来《だいにちにょらい》を示すもので、「安倍仲麿塚」の文字は書風から見て近世以前には遡らないものと言われる。裏面にはこの石碑を当地に移建した由来が記されており、もとは、現在の地名で言えば、奈良県桜井市安倍にあったが、「蒿萊」、つまり野草のなかに埋もれて、誰も顧みる者がいなかったので、大正十三年（一九二四）八月に、「箒庵逸人」、実業家で茶人・数寄者として著名な高橋義雄が、当地に移建して、裏面に詩文を記したのだという。高橋義雄『箒のあと』下（秋豊園出版部、一九三六年）には、奈良の骨董商の店先でこの石碑を見つけて購入したと説明されており、こちらの方が本当の経緯であるらしい。

ただ、江戸時代の本居宣長《もとおりのりなが》が安永元年《あんえい》（一七七二）に大和方面を訪れた際に、田のなかに「あべの仲まろのつか」があることを記しており（『菅笠日記《すげがさにっき》』）、寛政《かんせい》二年（一七九二）の『大和名所図絵』の安倍文殊堂の図に「みささぎ」とある塚がこの石碑に該当するものと目されるので、少なくとも十八世紀後半には存在していたことが確認できる。

高橋義雄の詩文は「あまの原」の歌を詠んだ阿倍仲麻呂の気持ちを推し量るとともに、義雄がこの石碑を「招魂」の碑と解していたことがわかる。千年以上の時を越えて、現代の人びとに遣唐使の残香を思い起こさせてくれるものとして、この文化財にも留意したい。

略年譜

年次	西暦	年齢	事績	参考事項
大宝元	七〇一	一	誕生。父は船守	正月、大宝度遣唐使を任命○三月、大宝令制を施行
和銅三	七一〇	一〇		三月、藤原京から平城京に遷都
四	七一一	一一	四月、父船守が従五位上から正五位下に昇叙	十月、蓄銭叙位令
霊亀二	七一六	一六	八月、霊亀度遣唐使の留学生に選定される	
養老元	七一七	一七	十月、この年入唐し、長安に到着	
二	七一八	一八	この年、唐の太学に入る	四月、この頃、養老律令の編纂○十月、霊亀度遣唐使が帰国
五	七二一	二一	東宮司経局校書になる	十二月、元明太上天皇、崩御
七	七二三	二三	正月、父船守が正五位上に昇叙	四月、三世一身法
神亀元	七二四	二四		二月、聖武天皇、即位
四	七二七	二七	左拾遺になる。この頃に結婚か	
五	七二八	二八	五月、兄弟の帯麻呂（意比麻呂）が正七位下から外従五位下に昇叙	九月、聖武天皇と藤原光明子との間に生まれた皇太子が死去
天平元	七二九	二九	三月、帯麻呂が従五位下に昇叙	二月、長屋王の変○八月、天平改元、光明子が皇后になる

三	七三一	三一	左補闕になる	
四	七三二	三二	儀王友になる	八月、天平度遣唐使を任命
六	七三四	三四	玄宗は仲麻呂の帰国を不許可。傔人羽栗吉麻呂とその子翼・翔が日本に帰国	十一月、天平度遣唐使、帰国
七	七三五	三五	九月、美作守帯麻呂が弁官に訴えられる	四月、霊亀度の留学生下道（吉備）真備が留学成果を進上
八	七三六	三六	中臣名代・平群広成の帰国に助力	八月、天平度遣唐使の副使中臣名代が帰国
十一	七三九	三九		七月、天平度遣唐使の判官平群広成が渤海経緯で帰国
天平勝宝二	七五〇	五〇		九月、勝宝度遣唐使を任命
四	七五二	五二	衛尉少卿になる	十二月以前、勝宝度遣唐使が長安に到来
五	七五三	五三	秘書監、衛尉卿になる。勝宝度遣唐使に宮中を案内する。勝宝度遣唐使に随伴して帰国を企図するが、漂蕩により唐に戻る	正月、勝宝度遣唐使が唐の元日朝賀の際に新羅使と席次を争う○大使藤原清河、唐に滞留
七	七五五	五五	十一月、安史の乱勃発（-七六三年）	
八	七五六	五六	七月、玄宗が退位し、粛宗が即位	五月、聖武太上天皇、崩御
天平宝字三	七五九	五九	藤原清河（河清）とともに帰国する可能性が生じるが、保留になる。羽栗吉麻呂の子で録事として入唐した翔は清河のもとに留まる	正月、藤原清河（河清）を帰国させるために宝字度①遣唐使を任命○十月、遣唐使が帰国。唐は安史の乱で

				国情不安定のため、清河の帰国は保留になる
四	七六〇	六〇	この頃、左散騎常侍、次いで鎮南都護になる	六月、光明皇太后、崩御
天平神護二	七六六	六六	五月、安南都護になる	
神護景雲元	七六七	六七	七月以降、長安に戻る	
宝亀　元	七七〇	七〇	正月、死去。潞州大都督を贈られる○三月、死去以前に入唐宿衛新羅王子金隠居の帰国時に郷親への書状を付託し、その書状を携えた新羅使金初正が来日する（この時点で死去の情報は到来していない）	
十	七七九		五月、宝亀度①遣唐使の帰国により仲麻呂の唐での死去が判明し、家族に葬礼物を賜与する	
大同　三	八〇八		六月、帯麻呂の子弟当が死去	
承和　三	八三六		五月、承和度遣唐使発遣に際して仲麻呂に正二品を贈与	

参考文献

一　史料

安祥寺伽藍縁起資財帳（安祥寺資財帳）　思文閣出版
安南志略　中華書局
宇津保物語（日本古典文学大系）　岩波書店
延喜式（訳注日本史料）　集英社
懐風藻（日本古典文学大系）　岩波書店
家伝（沖森卓也・佐藤信・矢嶋泉『藤氏家伝 注釈と研究』）　吉川弘文館
鑑真和上三異事（大日本仏教全書）　大法輪閣
看聞御記　八木書店
吉備大臣入唐絵巻（日本の絵巻）　中央公論社
公卿補任（新訂増補国史大系）　吉川弘文館
弘決外典抄（続天台宗全書）　春秋社

旧唐書　中華書局
元亨釈書（新訂増補国史大系）　吉川弘文館
源氏物語（新日本古典文学大系）　岩波書店
江談抄（新日本古典文学大系）　岩波書店
古今和歌集（新日本古典文学大系）　岩波書店
古今和歌集目録（群書類従）　八木書店
古本説話集（新日本古典文学大系）　岩波書店
今昔物語集（新日本古典文学大系）　岩波書店
冊府元亀　中華書局
三国史記　学習院東洋文化研究所
三国仏法伝通縁起（大日本仏教全書）　大法輪閣
参天台五臺山記（東洋文庫叢刊第七）　東洋文庫
資治通鑑　中華書局
周書　中華書局
守護国界章（大正新脩大蔵経）　大正一切経刊行会
正倉院宝物銘文集成（松島順正編）　吉川弘文館
性霊集（日本古典文学大系）　岩波書店

続日本紀（新日本古典文学大系）　岩波書店
続日本後紀（新訂増補国史大系）　吉川弘文館
新猿楽記（日本思想大系）　岩波書店
新撰姓氏録（佐伯有清『新撰姓氏録の研究』本文編）　吉川弘文館
新唐書　中華書局
頭陀親王入唐略記（入唐五家伝）（大日本仏教全書）　大法輪閣
住吉大社神代記（平安遺文）　東京堂出版
全唐詩　中華書局
全唐文補遺　三泰出版社
善隣国宝記（訳注日本史料）　集英社
大乗三論義鈔（大正新脩大蔵経）　大正一切経刊行会
大唐開元礼　汲古書院
大唐六典　広池学園事業部
大日本古文書　東京大学出版会
大日経義釈目録縁起（大日本仏教全書）　大法輪閣
竹取物語（日本古典文学大系）　岩波書店
朝野僉載　中華書局

通典　中華書局
津守家譜　東京大学史料編纂所影写本
唐会要　世界書局
唐決集［天台霞標］（大日本仏教全書）　大法輪閣
唐丞相曲江張先生文集（四部叢刊）　商務印書館
東征伝絵巻（日本の絵巻）　中央公論社
東大寺要録　国書刊行会
唐大和上東征伝（寧楽遺文）　東京堂出版
東文選　学習院東洋文化研究所
土左日記（新日本古典文学大系）　岩波書店
杜陽雑編　中華書局
入唐求法巡礼行記（小野勝年『入唐求法巡礼行記の研究』）　法蔵館
日本紀略（新訂増補国史大系）　吉川弘文館
日本後紀（訳注日本史料）　集英社
日本高僧傳要文抄（新訂増補国史大系）　吉川弘文館
日本書紀（日本古典文学大系）　岩波書店
日本書紀私記（新訂増補国史大系）　吉川弘文館

日本国見在書目録（群書類従）　八木書店
肥前国風土記（日本古典文学大系）　岩波書店
琵琶譜　宮内庁書陵部
扶桑略記（新訂増補国史大系）　吉川弘文館
文苑英華　中華書局
平安遺文（竹内理三編）　東京堂出版
平治物語（日本古典文学大系）　岩波書店
平城宮木簡　奈良文化財研究所
本朝皇胤紹運録（群書類従）　八木書店
万葉集（新日本古典文学全集）　小学館
唯識論同学鈔（大日本仏教全書）　大法輪閣
類聚国史（新訂増補国史大系）　吉川弘文館
和漢朗詠集（角川文庫）　KADOKAWA

二　著著・論文

荒木　浩「かへりきにける阿倍仲麻呂」（倉本一宏編『日記・古記録の世界』）

安藤更生『鑑真』　思文閣出版　二〇一五年
池田温「続日本紀注釈参考海外史料輯録稿」（『八世紀史料集成稿』）　吉川弘文館　一九六七年
続日本紀注解編纂会　一九八三年
池田温「日本国使人とあだ名された呂延祚」「蕭穎士招聘は新羅か日本か」
「大中入唐日本王子説」（『東アジアの文化交流史』）　吉川弘文館　二〇〇二年
石井正敏「宇佐八幡黄金説話と遣唐使」「唐の「将軍呉懐実」について」
「大伴古麻呂奏言について」（『遣唐使から巡礼僧へ』）　勉誠出版　二〇一八年
石母田正「天皇と「諸蕃」」（『日本古代国家論』第一部）　岩波書店　一九七三年
今枝二郎『唐文化の考察（1）―阿倍仲麻呂研究―』　高文堂出版　一九七九年
シャルロッテ・フォン・ヴェアシュア「帰国後の遣唐使の待遇について」
（『東アジア世界史研究センター年報』四）　二〇一〇年
上田雄『遣唐使全航海』　草思社　二〇〇六年
上野誠『遣唐使阿倍仲麻呂の夢』　ＫＡＤＯＫＡＷＡ　二〇一三年
上村正裕「大伴古麻呂と奈良時代政治史の展開」（『古代文化』六七―二）　二〇一五年
榎本淳一「唐代の出入国管理制度と対外方針」（『唐王朝と古代日本』）
吉川弘文館　二〇〇八年

榎本淳一「来日した唐人たち」（遣唐使船再現シンポジウム編『遣唐使船の時代』角川学芸出版　二〇一〇年
榎本淳一「阿倍仲麻呂」（『古代の人物』二）清文堂出版　二〇一六年
王　勇『唐から見た遣唐使』講談社　一九九八年
王　勇「ブックロードとは何か」（『奈良・平安期の日中文化交流』）農山漁村文化協会　二〇〇一年
王　勇「唐女を妻に迎えた留学生（阿倍仲麻呂）」（『古代をいろどる国際人』）大樟樹出版社合同会社　二〇一九年
大津　透「天皇の服と律令・礼の継受」（『古代の天皇制』）岩波書店　一九九九年
大橋信弥『阿倍氏の研究』雄山閣　二〇一七年
大平　聡「「中皇命」と「仲天皇」」（吉田晶編『日本古代の国家と村落』）塙書房　一九九八年
筧久美子「〝野馬台詩〟のいたずら」（『日本史研究』二九九）一九八七年
加藤順一「対外交渉において官人の外貌が有する政治的性格」（『名古屋明徳短期大学紀要』一一）一九九六年
川崎　晃「玄昉」（『古代の人物』二）清文堂出版　二〇一六年
河添房江「遣唐使と唐物への憧憬」（遣唐使船再現シンポジウム編『遣唐使船の時代』

川本芳昭「崔知遠と阿倍仲麻呂」（『東アジア古代における諸民族と国家』）　角川学芸出版　二〇一〇年
韓昇「井真成墓誌の再検討」（『東アジア世界史研究センター年報』三）　汲古書院　二〇一五年
岸俊男『藤原仲麻呂』（人物叢書）　吉川弘文館　一九六九年
木本好信『藤原仲麻呂』　ミネルヴァ書房　二〇一一年
蔵中しのぶ「長安西明寺と大安寺文化圏」（『奈良朝漢詩文の比較文学的研究』）　翰林書房　二〇〇三年
蔵中しのぶ『『延暦僧録』注釈』　大東文化大学東洋研究所　二〇〇八年
氣賀澤保規『中国の歴史06　絢爛たる世界帝国　隋唐時代』　講談社　二〇〇五年
河内春人「石山寺遺教奥書をめぐって」「日唐交流史における人名」（『東アジア交流史のなかの遣唐使』）　汲古書院　二〇一三年
河内春人「遣唐使の交通―その往路」（川尻秋生編『古代の都城と交通』）　竹林舎　二〇一九年
小松茂実編『吉備大臣入唐絵巻』　中央公論社　一九九三年
小峯和明『遣唐使と外交神話　『吉備大臣入唐絵巻』を読む』　集英社　二〇一八年
小峯和明『予言文学の語る中世―聖徳太子未来記と野馬台詩―』　吉川弘文館　二〇一九年

佐伯有清「山上氏の出自と性格」（『日本古代氏族の研究』）吉川弘文館　一九八五年
坂上康俊「書禁・禁書と法典の将来」（『九州史学』一二九）二〇〇一年
鷺森浩幸「阿倍氏」（『天皇と貴族の古代政治史』）塙書房　二〇一八年
佐藤信「日唐交流史の一齣」（奈良古代史談話会編『奈良古代史論集』一）一九八五年
新川登亀男『道教をめぐる攻防』大修館書店　一九九九年
杉本直治郎『阿倍仲麻呂伝研究〈手沢補訂本〉』勉誠出版　二〇〇六年
専修大学・西北大学共同プロジェクト編『遣唐使の見た中国と日本』朝日新聞社　二〇〇五年
高木博『万葉集の遣唐使船』教育出版センター　一九八四年
高島英之「則天文字が記された墨書土器」（『出土文字資料と古代の東国』）同成社　二〇一二年
張維薇「奈良朝在唐留学生による慕華思想」（『日本思想史研究会会報』三三）二〇一七年
張維薇「阿倍仲麻呂の在唐活動に関する考察」（『東アジアの思想と文化』九）二〇一八年
角田文衛「葉栗臣翼の生涯」（『平安人物志』上、角田文衛著作集5）法蔵館　一九八四年
角田文衛「勅旨省と勅旨所」（『律令国家の展開』）塙書房　一九六五年
東京女子大学古代史研究会編『聖武天皇宸翰『雑集』「釈霊実集」研究』汲古書院　二〇一〇年
東野治之「奈良時代における『文選』の普及」（『正倉院文書と木簡の研究』）塙書房　一九七七年

東野治之「遣唐使の朝貢年期」「外来文化と日本」「唐の文人蕭穎士の招聘」
（『遣唐使と正倉院』）岩波書店 一九九二年
東野治之『遣唐使船』朝日新聞社 一九九九年
東野治之『遣唐使』岩波書店 二〇〇七年
東野治之『鑑真』岩波書店 二〇〇九年
東野治之「ありねよし 対馬の渡り」「井真成の墓誌を読む」（『史料学遍歴』）
雄山閣 二〇一七年
東野治之「東京護国寺所在の安倍仲麻呂塚の碑」（『古代東アジアの文字文化と社会』）
奈良大学 二〇一九年
長野勲『阿倍仲麻呂と其時代』建設社 一九三三年
長野正「藤原清河伝について」（『古代・中世の社会と民俗文化』）弘文堂 一九七六年
中村順昭「光明皇太后没後の坤宮官」（笹山晴生編『日本律令制の展開』）
吉川弘文館 二〇〇三年
春名宏昭「内薬侍医について」（『律令国家官制の研究』）吉川弘文館 一九九七年
浜田久美子「阿倍仲麻呂 仲麻呂伝の成立過程」（『歴史と地理』七一五）二〇一八年
濱田耕策「唐朝における渤海と新羅の争長事件」「国学と遣唐留学生」（『新羅国史の研究』）
吉川弘文館 二〇〇二年

濱田耕策「新羅の遣唐使」(『史淵』一四五) 二〇〇八年
藤善眞澄『隋唐時代の仏教と社会』 白帝社 二〇〇四年
藤善眞澄「入唐僧と杭州・越州」(『参天台五臺山記の研究』) 関西大学出版部 二〇〇六年
堀池春峰「弘法大師と南都仏教」(『南都仏教史の研究』下巻) 法蔵館 一九八二年
馬一虹「遣唐使井真成の入唐時期と唐での身分について」(『東アジア世界史研究センター年報』四) 二〇一〇年
松木哲「遣唐使船とその航海」(『シルクロード・奈良国際シンポジウム記録集』六) シルクロード学研究センター 二〇〇三年
宮田俊彦『吉備真備』 吉川弘文館 一九六一年
村上哲見『漢詩と日本人』 講談社 一九九四年
桃裕行『上代学制の研究』 吉川弘文館 一九四七年
森克己『遣唐使』 至文堂 一九六六年
森公章『「白村江」以後』 講談社 一九九八年
森公章「古代日本における対唐観の研究」「古代日本における在日外国人観小考」「袁晋卿の生涯」「大唐通事張友信をめぐって」「平安貴族の国際認識についての一考察」(『古代日本の対外認識と通交』) 吉川弘文館 一九九八年

森公章『東アジアの動乱と倭国』 吉川弘文館 二〇〇六年
森公章「唐皇帝と日本の遣唐使」（『東アジアの古代文化』一二九） 二〇〇六年
森公章「遣唐使が見た唐の賓礼」「大宝度の遣唐使とその意義」
「遣唐使の時期区分と大宝度の遣唐使」「遣唐使と唐文化の移入」
「日渤関係における年期制の成立とその意義」
（『遣唐使と古代日本の対外政策』） 吉川弘文館 二〇〇八年
森公章『遣唐使の光芒』 角川学芸出版 二〇一〇年
森公章「遣唐留学者の役割」（遣唐使船再現シンポジウム編『遣唐使船の時代』）
角川学芸出版 二〇一〇年
森公章「奈良時代と「唐物」」（『唐物と東アジア』） 勉誠出版 二〇一一年
森公章「交流史から見た沖ノ島祭祀」（『「宗像・沖ノ島と関連遺産群」研究報告』Ⅲ）
二〇一三年
森公章「奈良時代後半の遣唐使とその史的意義」（『東洋大学大学院紀要』五一） 二〇一五年
森公章「交流の道」（鈴木靖氏ほか編『日本古代交流史入門』） 勉誠出版 二〇一七年
森公章『古代日中関係の展開』 敬文舎 二〇一八年
山下有美「日本古代国家における一切経と対外意識」（『歴史評論』五八六） 一九九九年
吉海直人『百人一首で読み解く平安時代』 角川学芸出版 二〇一二年

著者略歴

一九五八年　岡山県に生まれる
一九八八年　東京大学大学院人文科学研究科博士課程単位修得退学
奈良国立文化財研究所文部技官・主任研究官、高知大学助教授を経て、
現在　東洋大学教授・博士（文学）

主要著書
『古代豪族と武士の誕生』（吉川弘文館、二〇一三年）
『平安時代の国司の赴任』（臨川書店、二〇一六年）
『天智天皇』（人物叢書、吉川弘文館、二〇一六年）

人物叢書　新装版

阿倍仲麻呂

二〇一九年（令和元）十二月一日　第一版第一刷発行

著者　森《もり》　公《きみ》　章《ゆき》
編集者　日本歴史学会
代表者　藤田　覚
発行者　吉川道郎
発行所　株式会社 吉川弘文館
東京都文京区本郷七丁目二番八号
郵便番号一一三—〇〇三三
電話〇三—三八一三—九一五一〈代表〉
振替口座〇〇一〇〇—五—二四四
http://www.yoshikawa-k.co.jp/
印刷＝株式会社 平文社
製本＝ナショナル製本協同組合

ISBN978-4-642-05291-7

『人物叢書』（新装版）刊行のことば

人物叢書は、個人が埋没された歴史書が盛行した時代に、「歴史を動かすものは人間である。個人の伝記が明らかにされないで、歴史の叙述は完全であり得ない」という信念のもとに、専門学者に執筆を依頼し、日本歴史学会が編集し、吉川弘文館が刊行した一大伝記集である。

幸いに読書界の支持を得て、百冊刊行の折には菊池寛賞を授けられる栄誉に浴した。

しかし発行以来すでに四半世紀を経過し、長期品切れ本が増加し、読書界の要望にそい得ない状態にもなったので、この際既刊本の体裁を一新して再編成し、定期的に配本できるような方策をとることにした。既刊本は一八四冊であるが、まだ未刊である重要人物の伝記についても鋭意刊行を進める方針であり、その体裁も新形式をとることとした。

こうして刊行当初の精神に思いを致し、人物叢書を蘇らせようとするのが、今回の企図である。大方のご支援を得ることができれば幸せである。

昭和六十年五月

日本歴史学会
代表者　坂本太郎

日本歴史学会編集

人物叢書〈新装版〉

▽没年順に配列　▽九〇三円～二、四〇〇円（税別）
▽残部僅少の書目もございます。品切の節はご容赦ください。

日本武尊　上田正昭著
継体天皇　篠川賢著
聖徳太子　坂本太郎著
秦河勝　井上満郎著
蘇我蝦夷・入鹿　門脇禎二著
天智天皇　森公章著
額田王　直木孝次郎著
持統天皇　直木孝次郎著
柿本人麻呂　多田一臣著
藤原不比等　高島正人著
長屋王　寺崎保広著
県犬養橘三千代　義江明子著
山上憶良　稲岡耕二著
行基　井上薫著
橘諸兄　中村順昭著
光明皇后　林陸朗著
鑑真　安藤更生著
藤原仲麻呂　岸俊男著
阿倍仲麻呂　森公章著
道鏡　横田健一著
吉備真備　宮田俊彦著
早良親王　西本昌弘著
佐伯今毛人　角田文衛著
和気清麻呂　平野邦雄著
桓武天皇　村尾次郎著
坂上田村麻呂　高橋崇著
最澄　田村晃祐著
平城天皇　春名宏昭著
円仁　佐伯有清著
伴善男　佐伯有清著
円珍　佐伯有清著
菅原道真　坂本太郎著
聖宝　佐伯有清著
三善清行　所功著
藤原純友　松原弘宣著
紀貫之　目崎徳衛著
小野道風　山本信吉著
良源　平林盛得著
藤原佐理　春名好重著
紫式部　今井源衛著
慶滋保胤　小原仁著
一条天皇　倉本一宏著
大江匡衡　後藤昭雄著
源信　速水侑著
源頼光　朧谷寿著
藤原道長　山中裕著
藤原行成　黒板伸夫著
藤原彰子　服藤早苗著
源頼義　元木泰雄著
清少納言　岸上慎二著
和泉式部　山中裕著
源義家　安田元久著
大江匡房　川口久雄著
奥州藤原氏四代　高橋富雄著

藤原頼長　橋本義彦著
藤原忠実　元木泰雄著
源頼政　多賀宗隼著
平清盛　五味文彦著
源義経　渡辺保著
西行　目崎徳衛著
後白河上皇　安田元久著
千葉常胤　福田豊彦著
源通親　橋本義彦著
文覚　山田昭全著
畠山重忠　貫達人著
法然　田村圓澄著
栄西　多賀宗隼著
北条義時　安田元久著
大江広元　上杉和彦著
北条政子　渡辺保著
慈円　多賀宗隼著
明恵　田中久夫著
藤原定家　村山修一著
北条泰時　上横手雅敬著
道元　竹内道雄著
北条重時　森幸夫著
親鸞　赤松俊秀著
北条時頼　高橋慎一朗著
日蓮　大野達之助著
阿仏尼　田渕句美子著
北条時宗　川添昭二著
一遍　大橋俊雄著
叡尊・忍性　和島芳男著
京極為兼　井上宗雄著
金沢貞顕　永井晋著
菊池氏三代　杉本尚雄著
新田義貞　峰岸純夫著
花園天皇　岩橋小弥太著
赤松円心・満祐　高坂好著
卜部兼好　冨倉徳次郎著
覚如　重松明久著
足利直冬　瀬野精一郎著
佐々木導誉　森茂暁著
細川頼之　小川信著
足利義満　臼井信義著
今川了俊　川添昭二著
足利義持　伊藤喜良著
世阿弥　今泉淑夫著
上杉憲実　田辺久子著
山名宗全　川岡勉著
一条兼良　永島福太郎著
亀泉集証　今泉淑夫著
蓮如　笠原一男著
宗祇　奥田勲著
万里集九　中川徳之助著
三条西実隆　芳賀幸四郎著
大内義隆　福尾猛市郎著
ザヴィエル　吉田小五郎著
三好長慶　長江正一著
今川義元　有光友學著
武田信玄　奥野高広著
朝倉義景　水藤真著
浅井氏三代　宮島敬一著
織田信長　池上裕子著

明智光秀　高柳光寿著
大友宗麟　外山幹夫著
千利休　芳賀幸四郎著
松井友閑　竹本千鶴著
豊臣秀次　藤田恒春著
足利義昭　奥野高広著
前田利家　岩沢愿彦著
長宗我部元親　山本大著
安国寺恵瓊　河合正治著
石田三成　今井林太郎著
真田昌幸　柴辻俊六著
最上義光　伊藤清郎著
前田利長　見瀬和雄著
高山右近　海老沢有道著
島井宗室　田中健夫著
淀君　桑田忠親著
片桐且元　曽根勇二著
藤原惺窩　太田青丘著
支倉常長　五野井隆史著
伊達政宗　小林清治著

天草時貞　岡田章雄著
立花宗茂　中野等著
宮本武蔵　大倉隆二著
小堀遠州　森蘊著
徳川家光　藤井讓治著
由比正雪　進士慶幹著
佐倉惣五郎　児玉幸多著
林羅山　堀勇雄著
松平信綱　大野瑞男著
国姓爺　石原道博著
野中兼山　横川末吉著
保科正之　小池進著
隠元　平久保章著
徳川和子　久保貴子著
酒井忠清　福田千鶴著
朱舜水　石原道博著
池田光政　谷口澄夫著
山鹿素行　堀勇雄著
井原西鶴　森銑三著
松尾芭蕉　阿部喜三男著

三井高利　中田易直著
河村瑞賢　古田良一著
徳川光圀　鈴木暎一著
契沖　久松潜一著
市川団十郎　西山松之助著
伊藤仁斎　石田一良著
徳川綱吉　塚本学著
貝原益軒　井上忠著
前田綱紀　若林喜三郎著
近松門左衛門　河竹繁俊著
新井白石　宮崎道生著
鴻池善右衛門　宮本又次著
石田梅岩　柴田実著
太宰春台　武部善人著
徳川吉宗　辻達也著
大岡忠相　大石学著
賀茂真淵　三枝康高著
平賀源内　城福勇著
与謝蕪村　田中善信著
三浦梅園　田口正治著

毛利重就　小川國治著
本居宣長　城福勇著
山村才助　鮎沢信太郎著
木内石亭　斎藤忠著
小石元俊　山本四郎著
山東京伝　小池藤五郎著
杉田玄白　片桐一男著
塙保己一　太田善麿著
上杉鷹山　横山昭男著
大田南畝　浜田義一郎著
只野真葛　関民子著
小林一茶　小林計一郎著
大黒屋光太夫　亀井高孝著
松平定信　高澤憲治著
菅江真澄　菊池勇夫著
島津重豪　芳即正著
狩谷棭斎　梅谷文夫著
最上徳内　島谷良吉著
渡辺崋山　佐藤昌介著
柳亭種彦　伊狩章著

香川景樹　兼清正徳著
平田篤胤　田原嗣郎著
間宮林蔵　洞富雄著
滝沢馬琴　麻生磯次著
調所広郷　芳即正著
橘守部　鈴木暎一著
黒住宗忠　原敬吾著
水野忠邦　北島正元著
帆足万里　帆足図南次著
江川坦庵　仲田正之著
藤田東湖　鈴木暎一著
二宮尊徳　大藤修著
広瀬淡窓　井上義巳著
大原幽学　中井信彦著
島津斉彬　芳即正著
月照　友松圓諦著
橋本左内　山口宗之著
井伊直弼　吉田常吉著
吉田東洋　平尾道雄著
緒方洪庵　梅溪昇著

佐久間象山　大平喜間多著
真木和泉　山口宗之著
高島秋帆　有馬成甫著
シーボルト　板沢武雄著
高杉晋作　梅溪昇著
川路聖謨　川田貞夫著
横井小楠　圭室諦成著
小松帯刀　高村直助著
山内容堂　平尾道雄著
江藤新平　杉谷昭著
和宮　武部敏夫著
西郷隆盛　田中惣五郎著
ハリス　坂田精一著
森有礼　犬塚孝明著
松平春嶽　川端太平著
中村敬宇　高橋昌郎著
河竹黙阿弥　河竹繁俊著
寺島宗則　犬塚孝明著
樋口一葉　塩田良平著
ジョセフ＝ヒコ　近盛晴嘉著

勝　海　舟　石井　孝著
臥　雲　辰　致　村瀬正章著
黒　田　清　隆　井黒弥太郎著
伊　藤　圭　介　杉本　勲著
福　沢　諭　吉　会田倉吉著
星　亨　中村菊男著
中　江　兆　民　飛鳥井雅道著
西　村　茂　樹　高橋昌郎著
正　岡　子　規　久保田正文著
清　沢　満　之　吉田久一著
滝　廉太郎　小長久子著
副　島　種　臣　安岡昭男著
田　口　卯　吉　田口　親著
福　地　桜　痴　柳田　泉著
陸　羯　南　有山輝雄著
児　島　惟　謙　田畑　忍著
荒井郁之助　原田　朗著
幸　徳　秋　水　西尾陽太郎著
ヘ　ボ　ン　高谷道男著
石　川　啄　木　岩城之徳著

乃　木　希　典　松下芳男著
岡　倉　天　心　斎藤隆三著
桂　太　郎　宇野俊一著
徳　川　慶　喜　家近良樹著
加　藤　弘　之　田畑　忍著
山　路　愛　山　坂本多加雄著
伊　沢　修　二　上沼八郎著
秋　山　真　之　田中宏巳著
前　島　密　山口　修著
成　瀬　仁　蔵　中嶌　邦著
前　田　正　名　祖田　修著
大　隈　重　信　中村尚美著
山　県　有　朋　藤村道生著
大井憲太郎　平野義太郎著
河　野　広　中　長井純市著
富　岡　鉄　斎　小高根太郎著
大　正　天　皇　古川隆久著
津　田　梅　子　山崎孝子著
豊　田　佐　吉　楫西光速著
渋　沢　栄　一　土屋喬雄著

有馬四郎助　三吉　明著
武　藤　山　治　入交好脩著
坪　内　逍　遙　大村弘毅著
山　室　軍　平　三吉　明著
阪　谷　芳　郎　西尾林太郎著
南　方　熊　楠　笠井　清著
山本五十六　田中宏巳著
中　野　正　剛　猪俣敬太郎著
近　衛　文　麿　古川隆久著
三　宅　雪　嶺　中野目　徹著
河　上　肇　住谷悦治著
牧　野　伸　顕　茶谷誠一著
御木本幸吉　大林日出雄著
尾　崎　行　雄　伊佐秀雄著
緒　方　竹　虎　栗田直樹著
石　橋　湛　山　姜　克實著
八　木　秀　次　沢井　実著

▽以下続刊